Leaves Publishing

根
以讀者為其根本

莖
用生活來做支撐

葉
引發思考或功用

果
獲取效益或趣味

莊子，你在說什麼？

王心慈◎編著

忘憂草 ORANGE DAYLILY

莊子，你在說什麼？

編　著　者：王心慈
出　版　者：葉子出版股份有限公司
發　行　人：宋宏智
總　編　輯：賴筱彌
編輯部經理：劉筱燕
企　劃　編　輯：王佩君
內　頁　插　圖：黃建中
美　術　編　輯：何偉靖
封　面　設　計：呂慧美
地　　　　　址：台北市新生南路三段88號7樓之3
電　　　　　話：(02)23635748　　傳　真：(02)23660313
E - m a i l：leaves@ycrc.com.tw
網　　　　　址：http://www.ycrc.com.tw
郵　撥　帳　號：19735365　　戶　名：葉忠賢
印　　　　　刷：鼎易印刷事業股份有限公司
法　律　顧　問：北辰著作權事務所
初　版　一　刷：2003年10月　　定　價：新台幣 280 元
I　S　B　N：986-7609-01-8

總　經　銷：揚智文化事業股份有限公司
地　　　　　址：台北市新生南路三段88號5樓之6
電　　　　　話：(02)23660309
傳　　　　　真：(02)23660310

莊子，你在說什麼？／王心慈編著.
初版.--台北市：葉子, 2003〔民92〕
　面：　公分.--（忘憂草）
　　ISBN 986-7609-01-8（平裝）

1.莊子--註釋

121.331　　　　　　92011265

前言

在漫悠的中國歷史中，有些人留下的影響力既深且遠，他們的思想、智慧、勇氣、智謀、道德，成為我們學習與效法的對象。透過他們所留下來的有限文字及資料，讓我們得以速成的方式了解人生的內涵，進而正視、規劃自己的人生。

現在的世界，多采多姿，詭譎萬變。這是古人沒有辦法想像的。但現代人真的比古人更了解自己的世界、更洞悉生命的意義嗎？這也是現代人沒有辦法回答的。這個世界急遽發展的結果，除了速食文化之外，又讓現代人知道了些什麼呢？又懂得了些什麼呢？這又是令人尷尬、難回答的問題。

從此一叢書中，我們可以看到，有的先人以自己的思想著作影響世人，有的先人自己親身創造歷史，有的先人只想做天空裡的一片雲，卻不小心時時投影在你、我的心中。在歷經千年、百年後，在中國文化已然變質的今日，他們的人生依然讓我們心嚮往之，他們深藏在心底的智慧，依然以瀟灑、曠達、智詰、謀略、自然……的姿態展現在我們的眼前。

以一書一人物的活潑、輕鬆筆調請這些看似高居雲端的先人們走入凡間，走入我們的生活裡，一起探討我們所遺失的智慧在哪裡？我們是否太粗心，以致於讓智慧擦肩而過？我們的生活是否因為充塞了沒有生命的資訊而失去了生機？我們的人生是否應該做某種程度的調整，甚至和古聖先賢作連線？

《莊子，你在說什麼？》一書，是以故事的形式表現，在每篇的文末皆附有小小的生活智慧，供讀者省思。先人的智慧有如流水，有的人看見水奔流不息，想到自己應該學習它，不捨晝夜地奔赴理想；有的人看見水滋潤萬物，想到自己應該效法它，源源不斷地養護生命。先人的智慧，因為有您的省思，不再是死的資訊，先人的智慧，因為有您的學習和效法，它活在您人生的每一分秒中。

編輯部

目錄

莊子,你在說什麼?

有一次，莊子到楚國去，在路上看見一個裡面已經空乾了的骷髏頭。莊子拿著馬鞭在上面揮擊了幾下，不經意地說道：

「先生，你是因為生前貪生怕死，行止不合法度，被人殺死的嗎？你是因為國家滅亡，被人害死的嗎？你是因為生前行為不好，怕連累了你父母妻子的名譽而自殺的嗎？你是因為窮困、凍餓而死的嗎？或者是你的壽命到了，理所當然的死了？」

莊子說完這些話，順手把骷髏頭拿了過來當枕頭睡。不覺間睡著了。到了半夜，莊子夢見骷髏頭向他說：

「適才你的談話很像辯士的口吻，但是你所說的，都是活人的拖累，死了就完全沒有這些了。你想聽一聽死後的情形嗎？」

「我很想聽。」莊子說。

「死後，上無人君，下無臣子；也沒有春夏秋冬四時的轉變。自由自在，毫無拘束，把天地的長久當作自己的年歲。縱然是『天子的快樂』，也比不上它呀！」骷髏頭說。

「我才不相信呢！我要命令『掌管人生命的神』把你的形體復活，骨肉再造，肌膚重生。使你和你的父母妻子團聚。重回你的故鄉，和你的朋友相聚。你願意嗎？」莊子說。

骷髏頭聽了這樣的建議，蹙著眉頭說：

「我哪能丟棄比『天子的快樂』還快樂的事情，而再回復去接受人間的勞苦呢？」

你最近快樂嗎？

生活智慧

　　人，活在世上，總是在尋找快樂，朋友間的表現關懷，也總是忘不了這句話：「你最近快樂嗎？」好像活在世上的每一個人都不快樂似的。甚至，有人說，活著，就是為了來受苦，真的嗎？事實上，在真實的人生境遇中，我們要如何來尋找真正的快樂，我們要把生死看破，沒有生死的界限，也就沒有活人之累，也就沒有痛苦。真正的快樂，是如何地讓自己在形體和內心上自由自在，毫無拘束的過活著，此時的你我也就不在乎生或者死了。

籠子框住
不要被心靈的

魯國有一位斷了一隻腳的人，而不幸的是，這個人所僅剩的那隻腳又少了腳趾，走路時只能用腳跟一跳一跳地走，大家都叫他叔山無趾。

有一天，叔山無趾前去拜見孔子。

孔子端坐教席，帶著責備的口氣，嚴肅地對前來求教的無趾說：

「你以前太不小心呀！所以犯了些錯，遭受到這等刑罰，成了殘廢。現在才來找我，又能怎樣呢！」

「我就是因為不懂世事、人情，違背了一些社會禮法、原則，才會使自己受殘無足。現在我來到您這裡，就是認定世上還有比腳趾頭更寶貴的東西可以追求，我才來的。我想的是如何讓我的智慧更圓融、更透徹，求道、向上的心更堅定、更完美。我本來認為「天無不覆地無不載」，您一定像天地一樣懷有齊一、無分別的心懷，不計較外在的形骸，我才來請教的。沒想到您的內心如此狹隘，所想的竟是我身犯的小錯，我的殘缺。更讓人難過的，是您還沒有教我，就先讓我吃了一頓排頭。」叔山無趾說。

孔子一時愛憐惜才，自承不足地說：

「孔丘實在太淺陋了，先生您何不請進門，向我講述更多的道理呢？」

無趾啥話也不說，轉頭就走了。

孔子對著他的門人弟子諸如子路、子夏等人，長嘆說：

生活智慧

　　道儒立足點的不同，透過叔山無趾與孔丘的對話，有趣極了！自然無為、瀟灑自適與仁義禮樂、道德使命成為鮮明的對比。其實，道儒者流又都能走出心靈的樊籠嗎？也不盡然！成敗優缺、福禍富貴，人之所共有，然而，你不覺得當自己有強人之處的時候，或者不如人處的時候，就會為自己打造一個心靈的籠子，而不自知？強者驕傲，弱者自卑，種種精神負擔，不也都是心靈的樊籠嗎？走得出去，天地寬廣，活得自在。然而，你、我，能嗎？

「弟子們！你們要努力呀！人家無趾是一個受過足刑、有過前科的人，尚且知道要努力學習，來彌補他在道德上的缺失，更何況你們這些品德端正，沒有送過官府，可謂「全德」的好學生呢！」

無趾走後，心有話說，向老子發洩道：

「那個孔丘，他的人生境界、才德，離完美還差得遠哩！他幹什麼還總是裝得一副彬彬有禮、好學慕道的模樣兒，向你求道呢？他大概是希望裝模作樣、一副仁義道德的樣子，就可以成就他的君子美名，使自己名揚天下吧！他根本不了解所謂的禮樂教化、君子之德，正是求道者最想擺脫的桎梏呢！」

「那你怎麼不直接了當地告訴他，天地萬物的生生滅滅，人類的死死生生全是在一個自然界中變化而已，死生既無別，對錯好惡亦無差，哪需要如此這般，汲汲營營，大張旗鼓，主持正義是非，您就告訴他，放輕鬆一點兒，走出心靈的樊籠吧！」老子說。

無趾失望地搖搖頭說：「不可能，孔丘哪有改變的可能！他對道德意識的執著，以及自承天下的胸懷，就像是老天爺給的天刑，永無改變的可能。」

莊子穿著一身補了又補的破衣服，鞋子也是破得套不住腳，只有想辦法用一股麻草將鞋子繫在腳上。一身破衣服，一雙破鞋子，就這副樣子，莊子去拜訪魏王。魏王看到莊子這副樣子，便吃驚地問：「先生為什麼會潦倒成這個樣子呢？」「是貧窮而不是潦倒。讀書人有事業，有德行，卻實行不了，這就是潦倒。衣服破了，鞋子破了，是貧窮而不是潦倒。這就是常說的不遇時呀！大王難道沒見過那會爬樹，又跳得高的猴子嗎？當牠找到了楠竹、楸樹、樟樹等高大林木，便能攀援著樹枝，在林中盪來盪去，既愜意又自如，即便如后羿和逢蒙這樣的古代射手，也不能斜眼看牠。這是牠遇到適合環境時的情景。等到落到黃桑林、叢生的小棗樹，乃至橁殼、枸杞這類低矮的林木中時，那牠就只有小心翼翼地步行，連眼也不敢正視。這並不是牠的筋骨變得僵硬、不柔韌靈活了，而是環境不利，不能施展牠的技能。現今，處在君上昏庸無道，臣下胡作非為的時代，要想不潦倒，怎麼可能呢？」莊子說。

窮困的是環境
不是心智

 生活智慧

自古聖賢皆貧賤。但雖然貧賤，聖賢還是聖賢。窮困的只是環境，貧賤的只是衣帽；精神、骨氣，永遠是聖、是賢。所以說，高貴者與貧賤聖賢並列，那是無尚光榮，卑賤者與無賴帝王並列，則覺無恥。君子窮而不倒，由此知之。

不因社會的需求來改變自己

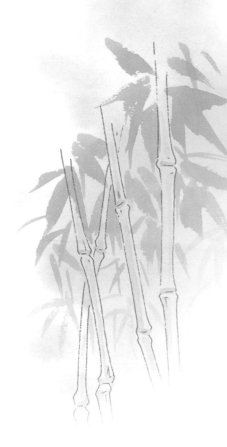

有一天，公文軒先生看到因受到刑罰而被砍掉一隻腳的右師，心裡想著，我們對於人世間的社會行為應抱持著什麼樣的態度呢？人本來應該有兩隻腳的，現在因為受罰的緣故，變成了一隻腳，這其間有著什麼樣的意義呢？社會價值和生命意義又有什麼不同呢？

公文軒心裡想著，嘴裡卻驚呼著，說：

「這右師是怎麼了？為什麼只有一隻腳呢？是天生就這樣的嗎？還是因為遭到人類刑罰的緣故？」

右師淡然地說：

「這是天意造成的，不是人為的。只有老天才會給特定的人一隻腳的命運。如果是一般人的命運的話，都是有兩隻腳的。今天我所受到的命運，並不單單是人力所能造成的，要不是天意，我不會只有一隻腳的，所以說呢，這是天之所為，而不是人之所為。」

生活智慧

人們看著牠們在籠中啄飲、鳴叫，以為牠們很快樂，其實，牠們有了物質，失去了自由，違反了牠們生命應有的自然型態，又怎麼會快樂呢？這也是莊子「委身於自然」生命觀的另一種說法。

這是莊子「委身於自然」的生命觀，一個人的生命重心應該放在自我的身上，不要隨著所扮演的社會角色，以及社會價值對生命的決定性而起舞。人生的自我，生命的活動，應該要與自然合而為一，不要因為社會的需求，而委身其中，改變了自己。

　　莊子說：「草澤裡的雉鳥，生長在大自然中，雖然找食物不容易，十步才能吃到一口食，百步才能飲到一口水，但逍遙自在，好不愉快！如果適巧被人捉了，關在籠子裡，雖然有人餵食，不必勞煩自己去找食物，然而精神受到拘束，終不如在草澤裡自由自在。」

不因社會的需求來改變自己

勸人勸得眞，
道理不用深

有一天，魏王的大臣女商帶隱士徐無鬼去見魏王。魏王在隱士的面前很是神氣，說道：「先生隱居在山林中已久，吃野食也太久，山野中的生活太苦了吧！如今，想嚐一嚐酒肉的香，所以跑來，希望得到我的接見和慰問。」

徐無鬼哭笑不得，覺得魏王無知，說道：

「我是來慰問您的勞苦的，我又有什麼勞苦可讓您來慰問呢？

我要慰勞你的心神、你的形體。您為了滿足您的慾望和嗜好，身心就要受到損害；您要是抑制了好惡，不再嗜慾，您的感官又會受不了。所以，我是來慰問您的。」徐無鬼說。

魏王被點到疼處，疼得說不出話來。

這時的氣氛有些緊張，徐無鬼立即轉個話題，說：

「我跟你說喔！我會相狗，而我相馬的水準又比相狗要高得多。」

魏王一聽徐無鬼會相狗相馬，就叫他細細地來說。

「我觀察狗，看見下等的狗呀，吃飽就好了。這是貓的脾性；中等的狗呢，其意態有若凝視太陽般地意氣高遠；上等的狗呢，其精神凝定，就好像忘了有自己。

我觀察馬呢，好的馬，身上平直的地方像木板，彎的地方像秤鉤，方正的部位像框子角，滾圓的部位像圓球。這是全國罕見的好馬了，但還比不上冠絕天下的良馬。天下馬，有天生的好身材、好體格。若靜若失，像自己沒有存在一般。這樣的馬，跑起來像飛的一樣，超逸絕塵，從不知疲累，也好像根本不知道要休息。」

徐無鬼吹牛皮地說。

魏王喜得哈哈大笑，親切之感，油然而生。

別了魏王，徐無鬼出門，女商就問：「先生是說了什麼使我們的國君如此高興的呢？我勸他時，只要談禮說義，我就用「詩」、「書」、「樂」、「禮」上的道理去開導他；說到權謀變化之術，我就用太公兵法的「金版」、「六韜」上的道理去說服他。這些書上寫的，有關侍奉君主，而且效果極其好的話語，也多得不得了，可是我們的大王就是不聽，更別說聽了會笑。先生您可以談談您的辦法

嗎？」女商問。「我就只是告訴他我會給狗和馬看相。」徐無鬼說。

「就只是這樣嗎？」女商不信。

「就是這樣。你沒有聽過到越地流放的人說的話嗎？他們才離鄉幾天，碰到自己熟識的人，就高興不過。離開故土十天半個月的人，在外見著了國內見過的東西就高興。到了離鄉背井經年之後，只要看到像是鄉里的人就太高興了；這不是離開故人愈久，思念故人愈深嗎？

再說，那流竄到荒煙無人跡，生活在山谷和原野上的人。平日只有往來在小路上的野兔和山鸛為伴，時間長了，聽到人的腳步聲都會驚喜異常，更別說是有兄弟親戚在一旁說笑了！

魏王，權勢嚇人，身為王侯，規矩繁多，時間久了，誰還敢在他面前說說笑笑呢！」徐無鬼說出魏王高興的原因。

莊子，你在說什麼？

生活智慧

　　古往今來，勸人的多，聽勸的少。勸人勸得管用，聽勸聽得進去，又更少，更別說是在自己的上司、主管面前進言，那真是能不說則不說，能少說則不多說一句，個個噤若寒蟬，明哲保身。如果不能不說，就像故事中的魏王和女商，淨拿一些大而無當的話說理，話是不會說錯，但卻不管用。倒不如像徐無鬼一樣，說說笑笑，拉進了彼此間的距離，又藉著說笑說出自己的意思。所以說，勸人要勸得真，勸人所用的話就不用太高深啦！

雪中送炭真好人，
錦上添花最可恥

莊子家境清寒，常常是窮得連飯都沒得吃。有一次，家中粒米皆無，又斷炊了。不得已，莊子便去找當地的富戶監河侯借米。

監核侯倒是很爽快地就答應了。

他說：「行！這樣吧！等過些日子我把封邑的租金收回來時，我叫人給你送去三百斤的糧米，可以嗎？」

莊子一聽，心中大怒，臉色一沉，但轉瞬間又心平氣和地對監河侯說了一個故事。

他說：「昨天，我從家裡出來的時候，走在路上，聽到一陣呼救的聲音。循著聲音傳來的方向，我細細地去找，我看到在一道輪胎印所形成的溝子裡，有一

生活
智慧

　這個故事詼諧有趣。在人世間，這樣的事卻處處可以看到。每個人活在世上，不可能從來沒有危難，或者不需要別人幫忙的時候。此時，就要注意你所求救的對象，如果，所求非人，只有自取其辱，不但不能救急，反而造成心靈上的創傷。再者，救人須救急，人家正口乾舌燥時，奉上一杯清涼的水，此時，勝過天上的甘露，人家正淋得像落湯雞時，求你送傘來，你不送，等雨過天晴，你再送，就像人家已經喝得醉醺醺，你再拼命地敬酒，未免也太虛情假意了。

條鯽魚正困在那裡喘息著。『小鯽魚呀！你怎麼會落到這裡來了呢？』我好心地問小鯽魚。

　　『我是東海龍王的官員，專門巡視海浪的。求求你，救救我。我只要幾升的水，就能夠活命了。』小鯽魚回答。

　　『好呀！那有什麼問題，我馬上到南方去遊說吳王和越王，叫他們無論如何發動民兵，想辦法掘土挖渠，把西江的水引進來，迎接你，你說好嗎？』我說。

　　『我並沒有要很多的水呀！只要那麼一點點及時水，我就可以活命了。像你這樣地大費周章，還不如趁早到賣魚乾的攤子上找我還比較快。哼！』小鯽魚氣憤地拉下臉說。」

懂得愈多，做得愈多

孔子被圍困於陳、蔡之間，接連著七天不曾生火做飯。

大公（官職的名稱）任前去慰問他，說：

「夫子，你幾乎要死了吧！」

「是呀！」孔子答。

「你怕死嗎？」大公任接著說。

「是呀！」孔子仍然說。

「我試著來跟你說一說不死之道。東海有一隻鳥，叫做意怠。意怠這隻鳥飛得不高又慢，像是一點本事也沒有。飛的時候，要別的鳥帶領著才肯飛；睡的時候，要和別的鳥擠在一起才肯睡。前進時不敢領先，後退時不敢落伍，吃東西不敢爭先嚐，總是吃別人剩下的。因此，身在鳥群中的牠，不會招排斥，而人們也終究無法傷害牠，牠因此能免於禍害。」

「直木先伐，甘井先竭」——挺直的樹木先被斧砍，甘甜的井水先被汲乾。都是因為有用，所以受害呀！你或者是因為賣弄聰明，來驚嚇愚人；你或者是修身立德，來彰顯別人的污穢，你就好像頂著太陽月亮來照路，太過於光芒外露，所以不能免於禍患了。

以前，我曾聽老子說過：

「自誇的不會成功，自恃功成業就的就會毀壞，自恃成就聲名的就要吃虧。」誰能夠拋棄功名，把來自於眾人的還給眾人呢？

「你如何能做到像這樣的人呢？即使你的大道流傳於天下，卻甘於沒沒無聞；大德行之於天下，卻安於寂寂無名；你的心地純一，行為樸實平常，但外表看去就像是個狂放愚昧的人，你能做得到嗎？你能做到隱匿形跡，拋卻權勢，不求功名，對別人一無所求，別人對你也一無所求嗎？至人都是沒沒無聞的。你為什麼那麼喜好名聲呢？」大公任繼續說了這些。

懂得愈多，做的愈多

孔子聽罷，嘆道：

「你說得真對呀！我應辭別朋友，遣散弟子，逃到山澤野地去隱居。我呢，穿布衣，吃野果。走入獸群中，獸不驚亂，走入鳥陣中，鳥陣不慌。此時，鳥獸都不排斥我，何況是人呢！」

莊子，你在說什麼？

生活智慧

大公任向避難於陳蔡的孔子提出了不死之道。也向我們提出了保身之道。人，不管有多大的才能，必須懂得藏拙，才能避免別人的妒害，也才能真正發揮自己的才幹。一個人，也要大智若愚，就像那隻東海的鳥意怠，牠不是不會高飛，也不是膽小到連吃都不敢吃，牠要表現的如此平凡，讓鳥群不會排斥牠，人類不會注意到牠，牠就能養生保命了。這篇故事，純屬虛構，莊子藉此表達儒家與道家理念的不同，同時諷刺代表儒家的孔子。但是，直木先伐，甘井先竭，自以為也有所特長的我們，不是也該有所警惕嗎？

成功的胸懷

謙虛是培養一種

有一天，陽子居一路往南方行來，恰巧碰到老子向西去秦國。郊外相逢，陽子居自以為有學問，態度傲慢，老子便為陽子居深感惋惜，當面批評陽子居：

「以前我還認為你是個可以成大器的人，現在看來可不這麼認為啦！」

陽子居聽了老子的話，心裡很不舒服，後悔自己當時為什麼那樣。老子也很失望。

回到旅店後，陽子居覺得自己應當學著做得自然一點，起碼要敬重長者，敬重有道德學問的老先生。便主動給老子拿梳洗的工具，脫下鞋子放在門外，然後膝行到老子面前，謙虛地說：

「學生剛才想請教老師，老師趕路沒有空閒，因此不便說話。現在老師有空了，請你指教我的過失。」

老子說：

「想想看，你態度那麼傲慢，表情那樣莊嚴，一舉一動又如此矜持造作，眼睛裡什麼都沒有，這樣，將來誰來和你相處呢？人，沒有他人圍繞，行嗎？你應該懂得：最潔白的東西總好像有些污穢的感覺；德行最高尚的人，總認為自己離

生活智慧

高傲的人，行事只按自己的主意，與人相交，合則留，不合則去。比自己強的人不接近，比自己差的人不遷就，自己內心孤單又寂寞，還充滿了壓抑感。哪裡比得上抱著自然的態度與人相處的人，這種人，不論對方是比自己強或是差，都能功利、評價放兩邊，一貫地、謙虛地與他人相處。這種人，與他相處，別人舒服，自己也舒服。事實上，謙虛不是抬高了別人，也不是踩低了自己。謙虛恰恰是一種能容忍他人的能力、一種成功者的胸懷。

十全十美還差的很遠，學問雖了解了，在許多方面他還是不行的。知道自己不行，你才知道自己真正行的地方，眼睛裡只看到自己行，實際上，你哪個地方都不明白。」

陽子居先是吃驚，漸漸地臉上浮現慚愧的神色，謙虛地說：

「老師的教導使我明白了真正的道理。」

先頭陽子居在去徐州的路上，旅舍客人恭敬地迎送他。他住店時，男老板為他擺座位，女老板為他送手巾，大家也讓座給他。雖然恭敬，彼此都不舒服。接受老子教誨後，陽子居態度隨和，為人謙虛。歸途住店，客人都隨意地和他交談，他也感到和大家相處得很親切。

有一天，孔子對老子說：

「我整天研究詩、書、禮、樂、易、春秋六經，已經有好久了。而我對其中的內容也熟悉極了。我講述這些學問給七十二位國君聽，希望求得爵祿。可是和他們談論先生之道，講述周召公的事蹟，竟然沒有一個國君要採用。真是太難了！是人君難以說服嗎？還是大道難以揚明呢？」

老子說：

「幸好你沒有遇到治世的國君呀！所謂的六經，只不過是先生的陳跡，哪裡算得上是真跡呢！現在你所說的，就好像是陳跡。所謂陳跡，是鞋子所踩出來的足跡，足跡能算是鞋子嗎？」

「水鳥互相注視著，什麼也不做，便自然受孕；蟲子，雄的在上鳴叫，雌的在下應和，於焉受孕；有些物種雌雄同體，自身便可生育。」

「性不可更易，命不可變更，時不可止留，道不可閉塞。如果得了道，什麼樣都可行，如果失了道，就怎麼樣都行不通了。」

孔子聽了這一席話，三個月不出門。再見老子的時候，他說：

「我知道了。烏鴉和喜鵲孵化而生，魚類互相濡沫而生，蜜蜂昆蟲是化生。母親生下了弟弟，哥哥會因失愛而啼哭。萬物各有它的天性。這有多久了呀！我不能順著造化去做人，沒有和造化為友。如果沒有順著造化去做人，沒有和造化為友，我又怎麼能夠去教化別人呢！」

「可以了，孔丘你終於懂了！」

沒有真本事
怎能真服人

「性」、「命」、「時」、「道」是真跡，春秋六經是陳跡。陳跡只是鞋踩下來的鞋印子，拿這樣的東西來教化人，又怎能服人呢？這篇故事又是莊子在嘲諷孔子了，

　　從另一方面來看，有一些人，徒有滿腹的文章，而沒有一點人生真實的歷練，結果只會拾人牙慧，不能以身服人，也就不足為怪了。事實上，萬物各有天性，懂得其中的道理，順應造物，不去刻意服人，也能服人。

身心輕鬆、心地聰明

有一回，顏淵問孔子：

「我曾在宋國的一條河上乘船過渡，擺渡的人那駕船搖櫓的技巧簡直神極了。我問船夫：『駕船的技術可以學到手嗎？』擺渡的船夫說：『可以，會游泳的人很快就可以學會它。要是會潛水的人，就算是從來沒有見過船，一上船，便自動地會駕船搖槳了。』我問船夫，這是爲什麼呢？船夫不回答我，你可以說給我聽嗎？」

孔子說：

「會游泳的人很快就能學會，是因爲他們通水性，不把水放在在心上。會潛水的人就算從來沒見過船，一下子就可以駕船，是因爲他看深淵就像地上的小山一樣，看待翻船落水這回事，就像在路上倒車一樣，船翻也罷，倒車也罷，在他面前簡直太平常了，他根本不會放在心上。這樣的人，不論什麼時間、什麼地點，他都安閒自在。」

生活智慧

　　一個人，活在世上，不論爲人做事或者處世，都不要給自己精神包袱，使自己處在被動的地位。正當的情形應該是放下包袱，輕裝上陣，如此這般，身心輕鬆，聰明才智才會增加。君不見，輸光老本的賭徒，總是越賭越輸，因爲心情不輕鬆，只想著撈本，轉敗爲勝，眼不清，心不明，又氣又急，當然只會愈輸愈慘。

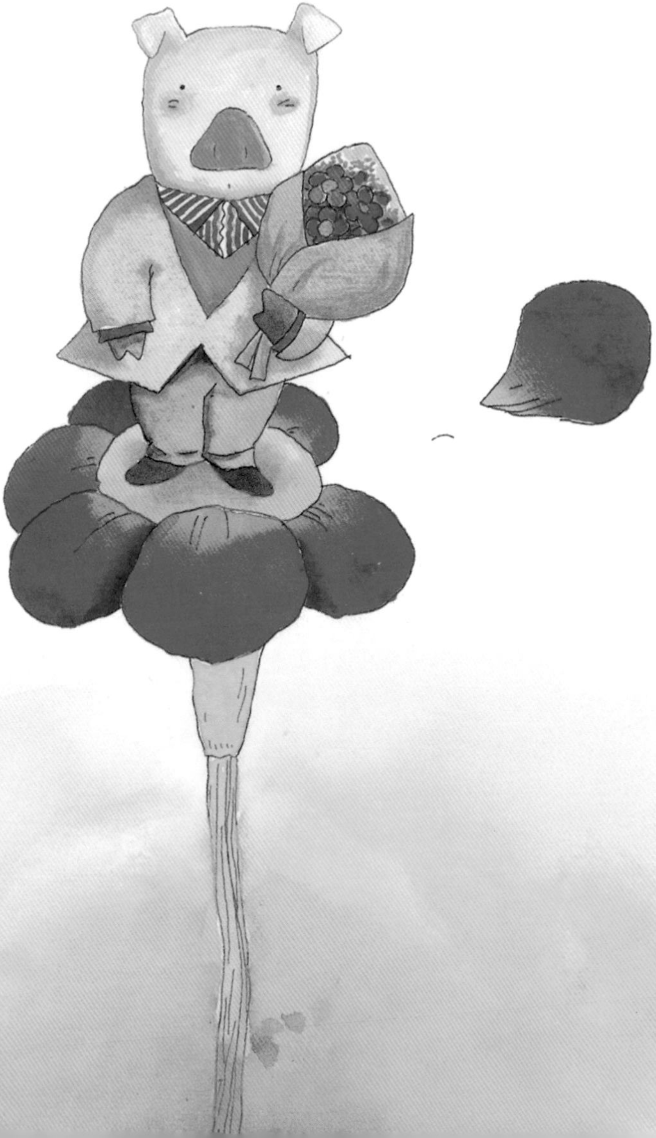

—身心輕鬆，心地聰明

在壽陵這個地方，有一個年輕人，有一次，他應徵到趙國的都城邯鄲去當差。到了邯鄲，他發現邯鄲人走路的樣子很好看，心裡很羨慕，便跟著模仿，想學會邯鄲人走路的技巧。不知不覺，日子一天一天的過去，年輕人很懊惱，就是學不會邯鄲人走路的方法，而原來自己走路的技巧又忘得一乾二淨，很快地，年輕人當差的期限到了，必須回壽陵。這位年輕人，因為沒有學會邯鄲人走路的技巧，又忘了自己走路的方法，只好爬著回家了。

盲目的模仿，
就會失去自己

生活智慧

　　看了這篇故事，我們除了笑這個年輕人可笑以外，我們不妨也看看自己，是否也有可笑之處。大多數的人並不真正的了解自己，也不懂得發揮自己的長處，看到的只是別人的好（不是想像中的好）、別人的棒（不是想像中的棒），一昧地模仿別人，羨慕別人，結果模仿不成，也失去了自己。

萬事齊全才能做大事

在遙遠的北海有一種特別的魚，叫做「鯤」。鯤的身體極大，不知有幾千里長，早上才從黃河發源地的古崑崙山出發，一時之間又在山東的馬古山曬晾牠的魚鰭，晚上即可見牠在河南商丘東北方的水澤中出沒。牠雖然是水中的「魚」，卻能變化成空中翱翔的「鳥」，人們稱牠做「鵬」。當牠變成為鵬的時候身體也很大，牠的背不知道有幾千里長；當牠振翅展開雙翼奮力高飛時，其雙翼有若天上灑下的兩朵雲。每當海動風起之時，這隻大鵬就飛向天地極南端、雲海深不可測「天池」之處。有一本善記奇人奇事，叫做《齊諧》的書，書上有記載：大鵬鳥在飛往天池時，就著海面，平迤而上，擊水而起，激起的浪花有三千里高，直上九萬里的雲霄，這一沖而飛，不過六個月，不會停下來休息。

生活智慧

莊子自喻大鵬鳥，一生追求著與造物者相同逍遙的境界，超人的智慧、氣魄、眼界，哪是一般人所能企及！？一般人雖沒有可能做大鵬鳥，卻可打破蟬鳩之類的自滿心態，免得陷入小知的境界而不自覺。山外山，雲外雲，九萬里高空看下來的山、川、人、物，就像一抹塵埃，一絲彼此流通的氣息而已，人世間又哪來的堅持與執著、煩惱與牽絆？

再者，一般人仰望天空，湛藍一片，你知道翱翔在空中的大鵬鳥所看到天的顏色已不再是藍色呢？或者，天空的顏色根本不是藍色吧！你再想一想，當你從地面抬頭眺望，天是無盡的高遠時，身在空中的大鵬鳥向下俯視，地又何嘗不是無盡的遙遠呢？放下桎梏的心靈，打開慣有的狹隘，設法讓自己站在不同的位置上觀看萬事萬物，身在現實生活中的你，當有另一番新的視野與看法。

再想一想看，一個窪洞中杓一瓢水，只能承載一隻小草，水不深又哪能行船呢？同理觀之，風不夠大，又怎麼能承載大鵬鳥的雙翼呢？努力吧！有了豐富的知識、透徹的智慧、曠達的心胸，萬事準備齊全後，才有做大事的可能，也才會有像莊子一樣超凡的氣魄和眼界。

蟬和鳩鳥眼見鵬鳥展翼高飛，輕挑、笑鬧、嘲弄著說：「要飛？還不簡單！雖然飛飛撞撞，我們也是在飛呀！你看！只要展翅，毫不須等待就可以飛，如果撞到榆樹和枋樹，停下來就是，能力再不足，飛不到，頂多整個身軀『碰』的一聲掉落地面而已，哪須要飛到九萬里高空後，才決定要向南遠飛呢？」

肯定自我的價值

古時，有一個木匠，名叫石。有一天，他來到齊國一個叫做曲轅的地方，看到一棵被人們奉為祭祀用的櫟樹。這棵樹，巨大無比有如神，足可容納上千乘馬車在其樹蔭下納涼，其粗可容繩子一圍，粗細百來尺，其高可越過山高後才分枝，其枝椏能用來造一艘船的就有好幾十枝。這樣的奇樹奇材，引來圍觀讚嘆的人潮有如趕集。木匠的弟子們也跟著眾人屏息觀賞著這棵罕見的神木。

但是，姓石的木匠，卻正眼也不瞧，腳步不停，只當沒這棵樹。弟子們飽覽奇觀之後，從後急步趕上，訝異地請問道：

「師傅，自從我們拿著刀斧追隨師傅您以來，從不曾見過如此好的木材呢！可是師傅您連看都不願看上一眼，只顧走自己的路，這究竟是什麼緣故呢？」

「好啦，不用再吹噓了。那只不過是沒用的木材而已。別看它高大，啥用也沒有！用它造船吧，太重了；拿它做棺材吧，轉眼就會腐爛；做器皿吧，又脆弱得裝不下東西；做門窗吧，太鬆、太泡；做柱子吧，又容易生蛀蟲。那是完全無用的木材呀！也因為不成材，才有這麼高的歲數，這麼大的個頭。」

這一天，石木匠回到家裡，晚上夜夢中，櫟樹來到木匠前，對木匠說：

「你到底拿什麼來和我相比呢？拿有紋理的樹木來跟我相比嗎？那梨、柚、桔、柑一類的樹，結瓜結果，果實成熟了，立即被採摘下來，大枝被打斷，小枝被打掉，身軀飽受摧殘，這就是因為他們有用，才使自己一輩子吃盡苦頭啊！而他們在俗世不斷的打擊中，要想不夭折，終其天年，也就變的不可能了。事物沒有什麼不像這樣的。我為了求無所可用，費盡心思，也已

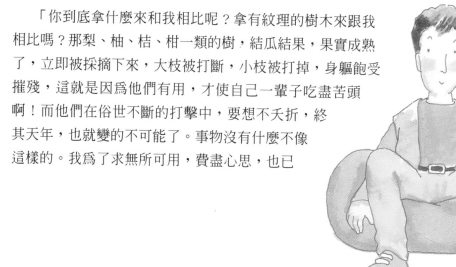

經很久了，好不容易才成爲今日所謂的無用之木。你所謂的「無用」，對我來說，才是眞正的「有用」。假如我有用的話，能有這樣的高壽，這樣的生機盎然嗎？」

木匠醒來，將夢中櫟樹的話告訴徒弟們。

「它既然只追求無用，做社神又爲的是什麼呢？」徒弟們問。

「別多說！做社神不爲別的，只爲避開那些不理解的世人批評議論而已。這正是無用可自保啊！我們應該換一種角度來看它。」師傅說。

莊子，你在說什麼？

生活智慧

「有用」、「無用」並不是別人可以評斷的，在生活中設定自我的目標，努力的去達成，才能做到自我承諾、自我實現和自我的肯定；我們也不能一昧用一種角度去衡量他人的成就，每個人總有他適才發展的部分。

「無用」最有用

有一天，惠施告訴莊子說：

「我有一棵臭椿樹。這棵臭椿樹啊！雖然長得又高又粗，全身卻是長滿了疙瘩，左看右看，都難以用繩或墨來畫直線，以便刨削，做為梁柱，這哪能符合木匠的要求呢！它的枝椏，彎彎曲曲，又沒有辦法用尺量出一段有用的枝幹做木條，這棵樹，一點兒也派不上用處。所以說哪！臭椿樹雖然長在大路邊，即便稍稍懂得的木匠師傅們閉著眼都會碰到它，但卻連看都不看一眼。」

惠施說了這些，又批評莊子說：

「你就是那棵沒有用的大樹，你說的話實在空洞得很，聽起來像是有些道理，但一點也不實用，沒人理會你，大家也會因反對離你而去。」

莊子說：

「那棵大臭椿樹怎麼沒用呢？你擔心它做不了樑柱，也成不了家俱，更雕刻不出什麼小擺設，何不乾脆把它種到廣闊無垠、寸草不生的曠野上，讓它成為天地間唯一的一棵大樹，你會發現，當周圍什麼東西也沒有的時候，它的用處就出現了，你可以自個兒反背著手，無憂無慮地在樹底下散步、休息、或者在大樹下悠閒的睡大覺，沒有人或東西會去砍它或傷它，有用或沒用又何須愁煩呢？！」

中國有句古話：「籠雞有食湯鍋還，野鶴無糧天地寬。」大臭椿樹沒有工匠可用之處，也因而保全了自身的無恙。

生活智慧

大地生糧食，江河供水飲，有用或沒用又何其多餘！生身是父母，生死在自身，要像野鶴一樣在天上飛，在地上走，人生不是更怡然有趣得多！千萬不要像籠中的雞一樣，表面看上去好像很有用，卻無時不在擔心害怕自己生命的安危。

有一天，莊子閒來無事，他的好友，梁國的宰相惠施又得閒，兩個人湊在一塊兒，談論起人生在世的一些大道理，不免又打起口水戰。

惠子對莊子說：

「我說老莊啊！日前，魏王送給我一些大葫蘆種子，我把它種下了。你猜怎樣，它長大結出來的葫蘆竟重達五石，這真是人們從來沒見過的大葫蘆！我把裡頭的東西掏空後，想拿來裝水用，太重了，拿不起來，所以沒辦法當容器用，我又把它劈成兩半兒，想做成水瓢，它大得居然伸不進任何的缸、桶中，看來，這葫蘆是派不上用場了，我就把它打破了。」

山不轉路轉，不要死腦筋

莊子見招拆招，說出另一番大道理來。

「您老先生顯然只知道處理和使用一般尋常的事務，對於一些較特別的，可就沒啥本事了」莊子說。

「宋國有一個人，家裡有一種世代相傳的皮膚藥，塗在手上可避免皮膚因泡水龜裂，這戶人家，世世代代就靠此以漂洗絲絮為業。有一個外地來的人，上門想要用百金來購買他家的藥方子。這個宋人就和家人商議，大家都說自己世代漂洗絲絮，只不過賺得幾兩金子，圖個溫飽，如今，賣了藥方子，一下子就可得百來斤金子，何樂而不為。如此這般，就賣給了那個外地人」莊子說。

「結果，這個外地人得了這藥方，早想好了藥方在軍事上用得著，就拿著去遊說吳王。這時，越國局勢不穩，又正值寒冬，吳王便讓他帶兵伐越。吳越兩軍展開水戰，吳軍將士因塗了可以防止皮膚龜裂的皮膚藥，戰力得以全然發揮，遂大敗越軍，吳王論功行賞，將戰掠來的土地封給了這個外地人。這個藥方的唯一功能就是不龜手而已，在誰的手中都是一樣，有的人能用它來裂土封疆，有的人卻只能靠它辛苦謀生，這就是用法的問題了。現在您也是一樣，有五石這麼大的

大葫蘆，您老爲什麼只想著裝水、掏水呢？您何不把它當成個酒葫蘆，掛在腰上，浮游在水上，享受江湖之樂呢！您老一心只想著它伸不進缸裡掏水，腦筋也太死板了吧！心眼也太狹隘了吧！」莊子犀利地應和著。

生活智慧

　　惠莊之辯，最能表達道家的觀念，人有人的角色、專長，東西有東西的用處，有用、沒用還是得看在誰的手中，懂得用的人，沒用的可變成有用，不懂得用的人，有用的也變成沒用，這全在乎一心啊！

不為俗事煩心，
自然活到老

楚莊王的異母弟弟，名叫子綦。因家住城南，大家都叫他南郭子綦。

有一天，南郭子綦來到商邱遊玩，無意間看到一棵很特別的樹。那棵樹的高大和前述木匠師傅所見到的那棵櫟樹，不相上下。

「這是什麼樹呢？一定有它特殊的用途吧！」子綦說。

南郭子綦不覺抬頭，仔細瞧瞧，心想這棵大樹還真有些奇怪。樹的枝椏，彎彎曲曲，樹的主幹，鬆鬆泡泡，既不能做樑柱，也不能做家俱，舔一下樹的汁液，口腔即感染潰爛，聞一下樹的氣味，又讓人像是發酒瘋一樣，好幾天清醒不過來。

「這真是不成材的樹木啊！所以才能像做社神的櫟樹一樣長得這樣高大」南郭子綦說。

宋國有一個地方，叫荊氏，適宜種植楸、柏、桑之類的樹木。當這些樹長到差不多兩手握起來那麼粗的時候，就有些人把它們砍了做木樁，用來繫猴子。也有些樹長到可以兩手合抱那麼粗的時候，有些人會把它們鋸下來當樑柱用。樹木長到像幾個人圍起來那麼粗的時候，一些官家、商客忙不迭地將它們鋸倒，因為鋸開一塊板子便可以做一面棺材。

莊子感嘆地說：「所有這些樹木都未能享盡自己的天年，中途就遭到斧砍的命運，這都是有用之材的禍患啊！」

生活智慧

「大樹的枝椏，彎彎曲曲，樹的主幹，鬆鬆泡泡，既不能做樑柱，也不能做家俱。」這樣的樹木，如果不把它當作木材來用，長得什麼樣都無所謂，正好被當作社神，也因為沒有材用的思考，也不會招來柴刀斧頭的砍伐，樂享天年。事實上，有用之用是人為的用，無用之用是自然的用呀！

不為俗事煩心，自然活到老

反省自己，接納別人

有一天，魯國的國君哀公請孔子過來，研究一個困擾他的大問題。

他說：「有一個從衛國來的外邦人，名叫哀駘它。他長得其醜無比，但是男人和他相處，會想著他而不願離去，女人見了他，更糟！會回家來請求父母，把自己許配給他。這樣的女人也有幾十人，更奇特的是，女人寧可做他的妾，也不願做別人的妻。可是，這個人既無長處，也無什麼有別於人的特殊見解為人所知，只不過偶爾附和別人的談話而已！像這樣的人，既無政治上的權勢，可解人生死，又無雄厚的財富，可救貧，人又醜得要命！又不見得有啥學問與見解，或能上通天文、下知地理，這樣的人，祗能拾拾他人牙慧而已！不懂的是，他居然能使全天下的人都聚到他那裡去，這是什麼緣故啊？他一定有某些異於常人之處吧！？」

哀公接著說：「這個人實在太奇特了。我因為好奇，就把他找來看看。哈哈！果不其然，他長得真如傳聞一樣，醜得要命。但是，和他相處不到一個月，我多少已經能感受到他為人的特點；不到一年，我竟像其他的國人一樣，對他全然信服了。那時，國中無主政的臣子，我想屈就他為我分擔國事，你猜怎地，他面無表情，隨意啊啊兩聲，回應我的請求，好像根本不打算答應的樣子。我智慧也太低了！怎麼會想叫他參與政事呢！這哪是他的興趣所在！過沒多久，也不知道為啥，他離我而去。這真讓我難過，生命像失去了意義似的，國事也提不起勁來。這位哀駘它究竟是什麼樣的人物啊！我真的不明白，孔夫子，請您告訴我吧。」

孔子見此情形，就打了一個比方，對哀公說：「我曾經出使楚國，看到一幕景像。有一群小豬圍擠在一隻已經氣絕了的豬媽媽身旁吃奶，小豬們習慣地在豬媽媽身上吃奶，哪知什麼是生，什麼是死。過不了一會兒，小豬們害怕地四散驚逃，因為他們不再覺得這是他們的媽媽了。他們要的是一個活生生的豬媽媽，而不是一個沒有生命的屍體。再打一個比方說，戰士在作戰時，都要配備齊全、穿戴整齊，身上還要掛上軍銜，才能上戰場，但是身亡的戰士，下葬時，就不再如此穿戴了。因為壽衣畢竟不是戰袍，穿不穿已經沒有任何意義。我們再來打一個比方：自己要穿的鞋子，人人愛惜，但是有那麼一個人，他的雙腳被削去了，他

就再也不管鞋子的好壞了。因為此時的他，鞋子好壞與否，已經不是那麼重要了。這三個例子只有一個道理：萬事萬物如果失去了存在的本質，也就沒有存在的必要，而有意義的永遠是萬事萬物內涵的本質。這也是為什麼人們不受哀駘它外型的影響而喜愛他的原因了。那是他人格精神的感召啊！」

孔子接著說：「在宮廷中，有一個規矩。服侍君王的人，不能剪指甲、不能穿耳洞、不能結婚，要有最純淨、最純真的身體。身體完整天成，才能做服侍君王這種高貴的工作。德行自然天成，也才能做一些更特別的事情。哀駘它就是這麼樣的一個人。他的德行自然天成，全無機心狡詐，所以行事不須特別用言語來表達，周圍的人自然心服於他。他也不需要做特別的事，別人自然來親近他。而您，因為他的心高氣潔，自然放心將國政大要交給他，還深怕他不接受。哀駘它就是一個『全德』的人呀！而『全德』的人，也就是『才全而德不形』的人呀！」

生活智慧

我們知道莊子藉著哀駘它的故事，說明「才全而德不形」的意義，以及身為道學家內心應有的精神境界。所以說，內心齊一，心境平和，德行自然天成，就像夜去天明、日夜相替這樣，既不受現實生活中各種價值差異的影響，又沒有好惡的分別，這也就是所謂的「才全」了。而當有這樣的胸懷與氣度時，自身就不會為外在的紛沓所擾動，而能夠使自己成為周遭朋友間的一股極為安寧祥和的穩定力量，進而達到所謂「德不形」的境界。這也就是哀駘它讓眾人喜愛，不願他離去的原因。哀駘它的人生境界，也許非一般人所能想像，然而，午夜夢迴，我們是否也能反省自我的人生觀念中，是否也有若干不足之處？！

別作無謂的堅持

傳說有那麼一個猴子，有一天，主人拿香蕉給牠吃。

主人說：「這樣吧！我早上給你吃三個，晚上再給你吃四個。」

猴子聽了，不高興。主人說：「既然這樣，那麼我就早上給你吃四個，晚上再給你吃三個吧！」猴子聽了便非常快活。

猴子不深入事物的本來面目，只堅持片面上感受的結果，猴子的主人也就順著猴子的心意，你要朝四暮三，我就給你朝四暮三，反正又不吃虧。

生活
智慧

朝三暮四也好，朝四暮三也罷，總歸是七個。猴子既沒吃虧也沒佔便宜，然而一則以喜，一則以怒，這是什麼緣故呢？在日常生活中，你會很容易發現我們常常在堅持一些沒有必要的爭論。當我們的主張和別人的觀點看似不同時，我們很難打開心胸，眺高一層視野，去觀看自以為重要，卻可能只是些枝微末節的小事。如果我們肯在不同的視野中去探究，就會發現大家所謂的觀點也好，主張也罷，其實結果是一樣的。我們又何必像猴子一樣堅守著自己的觀點不放，做一個無謂堅持的人呢？！

有一天，肩吾聽了人稱爲「狂接輿」的道人所說的一些話，頗覺得不可思議。跑來問連叔。他說：「我聽到接輿講了一些話，哇塞！還眞嚇人！那些話聽都沒有聽人說過，簡直誇張得不得了。他把銀河般遙遠的事情，說得好像就會發生在眼前一樣。他說的話根本偏離事實好遠，遠非一般人所能知道。」

　　連叔聽了，就問說：「你就說說看，他到底講了些啥兒？」

　　肩吾就將接輿所講的話，轉述給連叔聽。

　　「在極其遙遠的姑射山上，有一群神人們居住在那兒。這些神人，肌膚白皙若冰雪，行動輕盈若未出嫁的少女。他們餐風飲露，不食五穀雜糧。行動時，乘雲氣、駕飛龍，悠遊於天地四海之外。他們所想要的事情，只要凝神氣定，精神專注，就可改變或造就。所以說呢，他們可以使人們的農作物不受害，五穀雜糧年年都豐收。如此狂傲的話，接輿說給我聽，還眞讓我難以接受呢！」

　　沒想到連叔聽了肩吾的說法後，竟說：「眼睛瞎了的人，是沒有辦法看到服飾上艷麗的色彩的，而耳朵聾了的人，是沒有辦法聽到鐘鼓樂鳴的美妙之聲的！人們不僅是因爲身體的缺陷，而看不到，聽不到，人們也會因爲在知識上的不夠豐足，而有這樣的現象啊！我這麼說，是在說肩吾你呀！你因受限於知識，而沒辦法理解世上竟有這等美好的事物。狂接輿所說的這等神人，以『天地萬物皆無分別』爲本，以『道通爲一』爲對應事物的原則，以『心無雜念、寧靜平和』持

受限於眼見而無法體會更美好的事物

守著內心。這哪是世俗中人，迷失在『價值的執著』、『慾望的不滿』中，所可比擬。世俗中人，事事求太平，卻時時製造混亂。這也是神人不願涉入世事，跟著世人瞎忙、瞎亂的緣故啊！這等神人，天下氾濫、大水侵天，溺不了他們；通天大旱、山焦礦熔，熱不了他們。他們身心所展現的超越力量，哪是世人所能企及。即便他們之中最最普通的人物，也能成就堯舜般的事功，人世間的事物，他們又怎麼會有參與的興趣呢！？」

生活智慧

狂人接輿話中的神人，就是道家心目中最高境界人物的模樣兒。神人存不存在，並不重要，重要的是，如果我們以這樣的境界做為目標，去看待世俗中人所追求的價值時，我們就會理解，為什麼道家對世俗的價值觀，如此不屑一顧了。人世間的紛紛擾擾，在於人心的迷惘，人心的迷惘，在於智慧的不足，提升人類的智慧，也就是莊子的用心了。這也是莊子想藉著這個極有鮮明對比的故事來點醒世人的方法之一。

求好、心切反而是不懂包容

古時候，有一回，齊國國情危殆，宰相管仲又重病在床，齊桓公無人可資信賴、商量。心裡覺得鮑叔牙很有才幹，但又拿不定主意。此時的他，急著跑到管仲的床前，問到：「仲父您老的病不輕啊，我還能不說什麼嗎？要是真要到了您病危不治，那時的齊國，我能拜託給誰呢？」

「您想托付給誰呢？」管仲也很關心。

「鮑叔牙。」桓公說：「鮑叔牙不合適。他雖然為人好又廉潔，但不願意去接近或交往那些比自己差的人，他對別人曾有的過錯，耿耿於懷，不能原諒人家。如果讓他治理國家，他一定會是一個忠誠正直的臣子，但可惜的是，在遇到是非曲直時，他也不會因為是您，而婉轉圓融，不堅持到底的；他對下層官員雖然看得很清楚、很透徹，但也很苛刻瑣碎。這樣的人，對上，容易得罪君王；對下，也不能受到下屬的愛戴。如果您把國事交託給他，這方面的毛病您很快就會發現的。」

「那可以托付給誰呢？」桓公問。

「硬是要我說，那隰鵬還可以。這個人，對上，不容易和君主鬧翻；對下，也能容納異己之人。君王如果沒有前朝聖明，他會認為是自己的輔佐不力，別人不如他，他也能理解和包容。」管仲答。

生活智慧

齊國的賢士鮑叔牙因此沒能當上齊國的宰相。這可謂聰明自誤啊！賢能的人在身負重任時，不是工作做不好，而是希望做得好上加好；不是工作不認真，而是工作得太認真，而且要求人家也要像他一樣。這樣的人，為了工作，批評下級，不是點到為止，而是細緻、綿密、深入又嚴厲。這樣的人，人們雖然理解他想做好事情的心理，在感情上卻不怎麼願意與他合作。這樣的人，人們雖然認為他是一個好人，卻人人敬而遠之。鮑叔牙的憾事，也可能是你、我的憾事，能不警惕在心嗎？！

求好心切反而是不懂包容

了解天性，順其自然

飼養老虎的人，不敢拿活生生的動物給老虎吃，因為老虎殺生時就發怒；也不敢拿大塊、大塊的肉食給老虎吃，因為老虎撕裂肉塊時就發威。所以，要養老虎，就要熟悉牠喜怒的習性。

老虎馴服於飼養人，那是因為養虎人順著牠的習性去養；老虎傷人，那是因為違背了牠的習性。

溫馴如馬也一樣。

愛馬的人，愛到用竹筐去接糞；用大蚌殼去接馬尿。但當碰上蚊虻成群叮咬馬身，而愛馬人打蚊虻又用力過重，驚嚇到馬時，養馬人再怎麼愛馬，馬也會不領情，咬斷嚼口、毀壞籠頭、掙脫勒肚帶，亂發洩一氣。

了解天性，順其自然

　　殘暴的人不會一夜之間變為善良，而要殘暴的人歸順善良也不可能在旦夕之間，也許，終其一生，豺狼本性如故，這是自然。所以，要與殘暴的人相處，也處之自然吧！操之過急，反而自取其禍。而善良的人，永遠善良，但善良的人又往往不知人情世故，多所幼稚，所以，順其自然，不做什麼，也許什麼都能做成功。

莊子，你在說什麼？

跳脫實體的限制

有一位善於殺牛的屠夫，名叫庖丁。他殺牛的技巧實在特別，就像為牛解開身上的綑綁一樣，簡直神乎其技，所以人人讚譽有加，稱他為「解牛的庖丁」。

有一天，解牛的庖丁為梁惠王殺牛。他擺好姿勢，全身的手、肩、足、膝都極其優美地掛搭在牛的身上，進刀入牛，聲音驍驍，極有節奏，有如引動桑林、經首的樂聲，梁惠王看了，很是高興，對他的解牛技巧大加讚賞，真想不到殺牛也能有這樣的神技！

庖丁把刀子放下，向梁惠王解說道：

「殺牛這件事情對我來說，吸引人的地方是它的道理，這是高於技術面的層次。怎麼說呢？最早先，當我殺牛的時候，我看到的是整頭牛，所以，我是一刀一刀的在砍牛，三年之後，我有經驗多了，牛在我眼裡，就不再是整頭整頭的了。牛牽到我面前，我看到的只是牛身上的骨節、筋絡。至於現在呢，我解牛的境界已經到了完全以我的觀點所理解的奏刀之路解牛，而不用睜著肉眼，查看什麼。我已經完全不需要依賴我的感官，只憑著心領神會，就可以來辦事了。現在的我，只要按照牛身上各組織之間的間隙，在骨結、筋絡、皮肉之間的空隙中進刀游走，就不會碰到那些皮肉、骨節相連的小地方。更別說什麼大骨橫陳之處了。所以說呢，我的解牛刀事實上是幾乎啥也沒有碰到。」

又接著說：

「至於別的殺牛師傅們呢，那都是硬碰硬的用刀殺牛。技術好一點兒的師傅，一年換一把刀，那技術差的，就一個月要換一把刀了。前者，雖然不需要砍

這是什麼樣的養生道理呢？莊子藉著庖丁解牛的故事告訴我們，我們的人生就要像是庖丁手上的那把刀，歷經十九年的磨刀，依然犀利如新。我們要走在自然的軌跡上，不受社會的炎涼、人心的好爭、世間的行為所摧殘，終盡其年仍能保生養命，這就是養生。

牛骨，但仍需要割肉，而後者，就根本
是在砍牛骨了。我的刀已經用了十九
年，殺牛也殺了數千頭，由於殺牛時，
從不碰牛身，所以刀還是像沒有用過的
新刀一樣。你想一想看，牛身上只要是
有骨節的地方，就一定有空隙，有空隙
的話，我的刀就像薄薄的一片東西一
樣，很容易就能進入那空隙間，只要心
能善於領會那空隙，那麼可供我揮灑的
空間就無限寬廣了。當然，有時候也會
碰到筋肉盤結的地方，較為難纏。這時
的我，便要凝神貫注，不以目視，而以
神行，動作緩慢，用刀警凜，不覺間，
牛身已解，就像土塊砂石一樣，撒落在
地。到這時，我提刀而立，環視周遭，
得意不已。這才擦好刀子，把它收藏起
來。」

　　梁惠王聽了以後，驚喜地說：

　　「妙極了！我聽了庖丁的話，豁然
開朗，讓我懂得了養生的道理。」

靜下來享受天籟

有一天，南郭子綦，也就是南郭老師，靠在講桌旁，坐著。不看人，也不講課。仰天嘆息，似乎精神和肉體分離，忘卻了自己還有形骸一般。他的學生顏成、子游站在旁邊侍候著，十分納悶，問老師說：

「老師，您怎麼了？形體就算可以讓它如同枯木，然而，心也可以讓它就像死灰一般嗎？老師，您今天在台上的樣子，和以前我所見過的您，神態完全不同喔！」

「嗯，子游，你還真不錯，會問出這樣的問題來。」南郭老師聽到學生如此發問，心中怡然，這正切中回應。

南郭老師接著說：

「你知道嗎？我現在的形體雖然靠在桌上，而我的內心早已忘卻了自己，我早已是超然物外了。就像你平常聽過絲竹管樂（人籟），卻未必留意過大自然中的各種風聲（地籟），就算你有欣賞過大自然的風聲，卻未必領會過大自然中的那種無聲之聲（天籟）。」

「請問這又是怎麼說呢？」子游問。

「自然界所發出的氣息，叫作風。風不起則已，一起則所有的草木土石皆成了樂器，發出自個兒高妙的聲音。你沒有聽見過長風鳴鳴的叫聲嗎？那些起伏的山林、樹間的洞穴，就像人類的口耳鼻，成為風的發音器。也像柱子間方木的孔穴，也像養豬羊的欄圈，也像搗米的石臼，像深池，像淺穴，經風一吹，發出各式樣的聲音來。有的像水浪沖激的聲音，有的像箭矢發射的聲音，有的粗暴，有的細緻，有的像大聲喊叫，有的像低聲哭泣，有的像黃鶯清脆鳴叫，有的杳遠迂迴，聲音有的重，有的輕，莫不和諧。起小風，發出的聲音小，起大風，發出的聲音大，風一止，寂然寧靜，一切的聲音都沒有了。你不曾見過，風過後的樹椏微微地顫動嗎？」南郭老師說。

子游又接著問：

「『地籟』是從山川草木所形成的自然竅穴中所發出的風聲，『人籟』是從各種不同的樂器所發出的樂聲，那麼，『天籟』又是什麼呢？」

「風一起，什麼樣的東西都吹到了，也因不同的形狀、質材所形成的不同竅穴，而發出不同的聲音來。所有的這一切，必定要等待風起，才能發出各種的聲音來。若沒有風，一切的竅穴還能發出聲音來嗎？可是，天籟是不管這些的，天籟其實就是自然無聲的風罷了！」南郭老師回答。

生活智慧

　　莊子以「吾喪我」來體會「天籟」，以「自然無聲」的風來說明「道的無名」。唯有放下心靈的糾葛、執著，擺脫一切主觀的意識、情緒、感受，放下來來去去的「地籟」、「人籟」，放下自己，「吾喪我」，才能體會「天籟」，也才有可能知道最高境界的「道」。

死亡不必悲傷

老聃死了。老聃的朋友，一個叫秦失的人，跑去吊喪。他在喪家，隨著別人乾嚎了三聲：「老聃！老聃！老聃！」就跑出來了。

「他不是你的朋友嗎？」秦失的弟子覺得很奇怪。

秦失說：

「沒錯，他是我的好友呀！」

「那麼，你來吊喪他，應當表示悲傷。怎麼如此這般就成了呀！？」弟子問。

「這樣就可以了。老聃本來是我的朋友，一起論學，一起暢談，一個活生生的人。現在，他死了，再也不能和我瞎掰，死了，一了百了，就是這樣而已。我去他家，為的是想看看他的遺體和家人，紀念我們曾經有過的情誼，本來就不是

「死亡就和出生一樣平常。老聃應時生，順理死。該出生的時候，就來到這世上；該死亡的時候，就灑脫地走，有什麼好悲傷的呢！死亡還正好解脫我們生命的枷鎖呢！這就好像用手指來折斷樹枝做柴燒，柴有燒完的時候，但火卻可以傳續下去，永無止境。也好像我們的人，形體雖有毀壞的時候，精神卻可以長存。」老聃為莊子的養生如此地下了句點。

老莊把人所看重的生死問題，當作是生命中自然的來去而已。死亡只不過是歸反自然而已，又何需悲傷？！

去哭天搶地的。不過，剛才我進去弔喪的時候，看到有老人家像喪失了兒子般地痛哭，有小孩像失去了母親一般地傷心，他們之所以會這樣的悲傷，是因為這件事超過了他們內心所能承受的範圍。他們不想說，不期而然地說，他們不想哭，不期而然地哭，迷失了自然的本懷，是不必要的。他們在情緒上過度地宣洩，忘記死生一體，死是天取，生是天予。如果在這件事上，自找痛苦，難以自抑，那就違反了天意，給自己刑罰了。」秦失說。

價值觀不同

有一天，莊子說：

「中原人士很會做生意，想要把在中原禮俗中看得很重的衣冠服飾，賣到蠻荒的越國去。不料，越國的人斷髮紋身，自己覺得已經很美了，哪需要，又哪願意把美麗的身軀用雜物遮掩起來呢？所以，再會做生意的中原人也做不成生意。他們要賣的東西，是別人根本用不著的東西呀！」

故事雖短，意義深長。這是價值感錯置的問題，也是道家人物最感為難的地方。世俗人有世俗人的價值觀，道家人物有道家人物的追求，各等人所需、所求都有所不同。如何不獻曝，也不藏匿，端看個人的智慧了。

不言之教是人世間的至師

魯國有一個人，叫王駘。他的一隻腳被人砍了去，成了跛腳的人。但追隨在他身後，跟他學習，與他交遊的學生，和孔子無差。

　　有一個孔子的學生，叫常季子。看到這情景，感到很奇怪。

　　他跑去問孔子，說：

　　「王駘只有一隻腳呀！跟隨他學習的學生，和老師一樣，各分魯國一半。這個王駘可真是奇怪，站不教導，坐不議論，一副並沒有在教學的姿態。可是求教的弟子，空著腦袋來，滿著學問去，個個受益良多。難道他真有什麼不言可喻、不需文字理論的教學法，就能讓人潛移默化嗎？王駘這個人，到底算是個什麼樣的人物呢？」

　　「王駘老先生，可真算是個大智、大慧、通大道的人物呀！即便是我，也要請教於他，只是不巧落在你的後面罷了。我尚且把他視做老師，何況是不如我的人呢？追隨他的人，又豈止是魯國人，我將引導天下的人，去向他求教、學習呢？」孔子說。

　　「他是一個被砍去一隻腳的人呀！老師竟要向他請教，這不是明著說，他要比一般常人高明許多。如果是這樣，那麼，他的修養心性、為人處世定有什麼獨特的地方囉？」常季子說。

　　「像王駘這樣的人物，不因死生變化而傷感、而頹唐，不因大劫大難而患得患失，不因身殘體缺，而心神隨著外界的變化而動搖。他的內心自有一套以知識為基礎的真理觀，做為處世生活的基準。他不會像一般人一樣，隨著環境的變化，而身心產生強烈的感受。對他而言，身殘體缺、大劫大難、死生變化，是很平常的事，他是不會隨著一起激動的。他的內心高遠，生活永遠平靜。」孔子解釋說。

「這又怎麼說呢？」季常子問。

「如果對於這個世界的萬事萬物，我們都已先建立一套分類的標準，那麼，很有可能，任何在常識上接近的東西，在知識上遙遠。比如身體內的器官：肝與膽，在常識上，它們挨得很近；在知識上，由於醫學研究的需要，成為獨立的肝臟學及膽學，卻又好像洞庭湖與太湖一樣，距離極其遙遠。又譬如，越國和楚國都在南方，距離很近，但卻是兩個截然不同的國家。這一切的一切，都是我們有心建立分別的標準，才會有這樣認知的。如果不加分別，世界上的萬事萬物，就無所謂美醜香臭、善惡好壞、貧富多寡、遠近大小等等如此對立，一切就可以被我們平等地對待了。如果一開始沒有分別的標準，內心就不會有那麼多的歡喜或抑鬱，也就不會因眼所見、因耳所聞，而不平不快，而內心波動不已，進而，我們就不會在意識的堅持之下，過著一種我們不這麼過就過不下去的日子。我們就能永遠地保持心靈上的靜謐、平和，沒有得，也沒有失，一切都是那麼的自然，就算是我斷了一條腿，少了一隻腳，也就不過是土牆上掉了一塊土一樣，沒啥好在意的。」孔子接著說：

「王駘的這些種種，是一種自我的修心吧！他是從知識上的理解，到修養身心，再轉化成自己對待他人的原則。可是這些都只是在修養個人的德行呀！為什麼王駘在自我用功、獨善其身的時候，卻能夠受人尊崇，讓他人願意到他門下來學習呢？」季常子又問：

莊子把他的哲理蘊含在孔子和常季子的談話中。也藉此分別儒道的不同。莊子也有意藉此段的談話來改變世人對於一般價值標準的執著。同時，讓世人知道，世間有一種教學法，不須理論、不用言說、亦無表達，即能讓學子欣然受教，即所謂的「不言之教，無形而心成。」莊子更要讓人知道，你只要有根本的認識，你就能成為大家的老師。什麼樣的根本認識呢？只要你能從內心中，對任何事物毫無分別，對萬事萬物齊一看待，永遠保持心靈上的靜謐、平和，沒有得，也沒有失，你就能成為大家的老師。如何掌握根本的認識呢？你要將客觀的知識，透過修心的功夫，轉化為生活的態度，並且不為外在的任何力量所左右，成為自己的主宰者，你就能掌握根本的認識，你就能不教而教，成為人世間的至師。

「人們不會在流動的水面上去印照自己的模樣兒，人們只會在清澈又平靜的水面上去看清自己的容顏，反過來說，靜止的水也並沒有要求人在它上面照影像呀！乃是因為水靜止不動，人才自動去的。就教學來說，學習者要求的是一個不變的道理。教師一定要能夠堅持於不變的道理中，身體力行，也才能使他人對這個真理產生信服。能被人尊崇追隨的教師，不應隨著世俗的價值、外在事物的變化而心緒不寧，百轉迴腸，不能自已。所以說囉！王駘的修心功夫，讓他成為一位好老師。再說說自然界吧！樹木稟受大地的滋養而生長，但只有松柏類的植物能夠抵抗嚴冬，四季常青，顯而易見能保持常態的植物也不多。再看看歷史上的人物吧！歷史上的君王眾多，唯有舜帝一人，獨得天地正氣，不但自己能夠堅持不變的真理，也能因自己做得到，而感化他的人民，受人民的愛戴。所以說，唯有能做到正己的時候，別人才有可能衷心地來學習。」孔子說。

「也就是說，一切的行為都要能掌握根本的道理，如此之後，才不會受任何外在的力量所左右，也才會產生真正大無畏的精神與力量。就像戰場上的戰士，單槍匹馬也敢衝入千軍萬馬之中，建功立業，毫無所懼。掌握和堅持根本的道理是多麼地重要呀！它能使平凡的戰士變成一位偉大的英雄，更別說王駘修養高深，所能達到的境界有多高了。王駘深知天地萬物的變化，有若天地的主宰、萬物的撫育者，他對自己的軀殼耳目視為精神生活的借居之所，他以無分別的態度，看待現實生活中的種種，他的心是活的，他的四肢百骸有若死的，他這樣的活著，好像只為了有朝一日羽化成仙似的。他的心靈是如此的寧靜高遠，他的行誼是如此的齊一無分別，自然吸引人去親近他、向他學習。他既無私利，也不求功名，眾人對他的尊敬，眾人的就教於他，又算得了什麼呢？他又怎麼會有意去吸引眾人呢？他還是他，無所增，也無所減。」孔子替王駘下了最美麗的句點。

學道之路，貴在體會

有一天，南伯子葵問女偊說：

「您的年紀不小了，為什麼面色、外表，膚色光潔，氣色紅潤，有若年輕人一般？」

「我因為得了道。」女偊說。

「道是可以學得到的嗎？」南伯子葵追問。

「怎麼不可以呢？但是南伯先生你不是可以學道的人。誰才可以學道呢？卜梁倚。卜梁倚才有學道的可能。卜梁倚具有聖人外在的才，卻還未聞得要領罷了。

只要有人能好好的教他，得道一定不成問題。我只不過有幸聞道而已，卻沒有聖人外在的才。就算碰到卜梁倚如此佳妙的美才，我想要教導時，也不是十分有把握能把他教得好。然而，美妙的道，告知美才，總應是可行的。」女偊謙虛地說。

「如何來說道呢？我先將自我的心境，從日常的庸俗，轉為純然空靈、說道的氛圍中，這才教他，守著他，細細地將道告訴他。過了三天，他終於提升到第一步的境界，已能外天下，將社會中所有的競逐爭利排遣在外。我再守他七天，他終於提升到第二步的境界，已能外物，從而放下自我意識、自我執著的各種牽牽掛掛。他能外天下、外物之後，我又守了他九天，終於，他提升到另一層更高的境界，已能外生，能將自我生命存在的強烈執著也告摒除。此時的他，身心一起抖落，心靈的空間已是無限的寬廣。如此能外生的他，已能獲得領悟的知能，清明地就像早晨的新鮮空氣，對萬事萬物更是認識透徹。之後，他能見獨，他總能對外在的紛紜雜亂，直指核心。此時的他，逍遙自適，求道者終於成為得道者。他的生命，他的活動，在時間上已超越了古今，在空間上已逍遙於諸世界，不入生，不入死，已進入了死生齊一的境界。此時的他，死生何存，又古今何在！道的妙已無死無生，道的妙卻造化著死死生生；道的妙不自作展現，道的妙卻也不將不迎；道的妙，不止息地，經營著天地，經營著自然，無不毀，也無不

成。道，安於本始中，入道，而成道。」女偊說。

「您是從哪裡聽來有關於道這方面的知識呢？」南伯子葵問。

對於一位已經入道的人來說，上面的問題早已忘懷，於是，女偊反而藉此告訴他學道的方法。

「剛開始學道的時候，從文字記載中獲得一些深奧的觀念，一些清晰的領悟。這些領悟模糊地被傳達，但卻實際地被實踐著。於是，從實踐本始的自然中，到一無所知，到幽微的狀態中。那就是純粹妙道的本身呀！」

生活智慧

道，是可以學習的嗎？道，是學得成的嗎？

學道之路，是一個回歸自然本始的活動，貴在你自己要去做，去實踐，去體悟。更重要的是，你要有一位好老師，從旁循循善誘，教導你，從外天下，到外物，到外生，再到朝徹見獨，以致於真正的入道，有一定的次序，一定的考驗，你不可能從別人的一言半語中，幡然了悟，成仙成佛。再者，你要學道，先問問自己，你是這塊料嗎？你具備學道的基本要求嗎？你有這樣的毅力嗎？如果這些答案都是否定的，你也許應該考慮，換一個道也許更好。成功，就像學道一樣，是個人的事，每一次的成功也是唯一的，你可以不斷地、一次又一次地創造成功，卻不可能重複這一次的成功。但這些都在一次又一次的覺悟中，也都在道中。

反而求不來
刻意去求

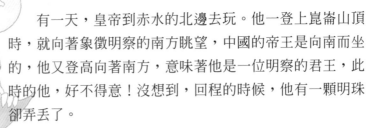

有一天，皇帝到赤水的北邊去玩。他一登上崑崙山頂時，就向著象徵明察的南方眺望，中國的帝王是向南而坐的，他又登高向著南方，意味著他是一位明察的君王，此時的他，好不得意！沒想到，回程的時候，他有一顆明珠卻弄丟了。

這可是一顆通靈性、知吉凶、卜禍福的寶貝神珠呀！這怎麼會弄丟了呢？皇帝很是著急，就派聰明能幹的有心這個人去找，有心仔仔細細，寸土寸地的尋覓一番，毫無所獲。

生活智慧

　　有心和無心就好像「有意栽花花不發，無心插柳柳成蔭」。在人生的起落過程中，我們往往會有這樣的感慨：有心成事，事不成。我們往往會這麼想，是否真的「運去金成鐵，時來鐵似金」？而把一切的困蹇、不順，歸諸到運氣。事實上，世上任何事物的出現，都有其必然的道理，順其道則成，背其道，當然不成，毫無僥倖可言。如果你的行事和道背離，或者南轅北轍，你是永遠也沒有辦法達到目的的。如果你順道而行，雖無心於成，但也會歪打正著。所以說，做事要「有心」且順道，收穫就讓它「無心」而得吧！

皇帝無奈，又派眼睛最好的離朱去找，離朱連百步遠的髮絲都能看得很清楚，但是，還是找不到。

皇帝又派最會解析問題的吃詬去找，還是沒有結果。

皇帝沒輒，最後，只好派無心去找，無心這個人出名的糊裡糊塗。沒想到，無心一踏上崑崙山頂，就把這顆明珠給找回來了。

「奇怪呀！無心這個人啥事也不放在心上，怎麼可能找到呢？」皇帝不解。

一刻意去求反而求不來

有一天，吳王順著長江遊玩，來到獼猴山。山上有一群獼猴正戲耍著，看到吳王被人前呼後擁地走上前來，一哄而散，皆躲到林間荊棘叢中去了。

但是，就有那麼一隻獼猴，想在吳王面前賣弄靈巧。牠在地上來回的跳躍、旋轉、縱身或攀援在不同的枝枒間，好不得意。

吳王看了，很不是味道，就拉弓搭箭來射牠。牠不是從容地撥開射過來的箭，就是很敏捷地把箭接住。

吳王氣得臉紅脖子粗，於是，他命令左右前來一起動手，箭如風湧，獼猴無處可逃，頓時被眾箭所射殺。

吳王回過頭來，對他的朋友顏不疑說：

「你看，這隻猴子，自誇牠的聰明，自恃牠的靈巧和敏捷，全不把我看在眼裡，以致於送了命。你們要引以為戒呀！千萬不要用意態來驕人啊！」

自以為是，驕傲必敗

生活
智慧

槍打出頭鳥。

出頭椽子先爛。

木秀於林，風必摧之。

是非由於多開口，煩惱總為強出頭。

這些俗話正是「吳王射靈猴」的最佳寫照，人，總是愛
現，希望別人知道有你這號人物，瞧得上自己。在學校裡，如
果被老師叫到臺前來說故事或演講，高興得很。在公司裡，如
果被老闆叫去主持個會議或到機場接送個大客戶，也都感覺榮
耀。人們忘了，大潮來時，大風起處，都要謹慎呀！不要只是
為了一時的虛榮，而忽略了安全的考量。人，要出頭，應該先
要想到，自己的智慧，自己的才德，自己的熱情，以及時機是
否恰當。人，才能真正的出頭，安心的出頭。

做自己的主人

影子的旁邊，還有一個影子，叫做微陰。

有一天，微陰問影子：

「剛剛你才在走動，現在你又停了；剛剛你才在坐著，現在你又站起來了。你是怎麼了呀！怎麼這麼沒有定性！」

「我都不是自己在動的呀！人家動，我就跟著人家動呀！而我所跟的人，又是跟著其他的人在動，這就好像跟著蛇的皮和跟著蟬的翅一樣，真正在動的是蛇和蟬呀！所以我根本不知道我為什麼動，為什麼停，我也沒有辦法決定我要怎樣呀！」影子委屈地說。

做自己的主人！多麼響叮噹的話。但又有多少人能真正做自己的主人呢！我們常常為了某種亂七八糟的原因，或者什麼莫名其妙的想法，而不由自主地跟著別人走。就像微陰跟著影子，影子跟著人一樣。在我們的生活中，常有這樣的情景，別人說了什麼，做了什麼，我們就忙著回應，我們不知道為了什麼，永遠只是跟隨著人家跑。我們的命運不是真正操控在我們自己的手裡。我們是接受命令而動作的人，而影子是跟著動作而動作，微陰是跟著影子的動作再動作。我們活得很不真實。看了這則故事，我們是不是該靜下心來，想一想，我是在做我自己的主人嗎？

顏回在求道的過程中，努力精進，日有進步。有一天，顏回跑來跟孔子說：

「我求道稍有進步了。」

「進步到什麼程度呢？」孔子問。

「我把仁義給忘了。」顏回說。

「好是好，但還不夠完全。」孔子說。

過了幾天，顏回又跑來見孔子，說：

「我又有進步了。」

「進步到什麼程度呢？」孔子問。

「我忘了禮樂。」顏回說。

「好是好，但還不夠完備。」孔子說。

又過了幾天，顏回跑來見孔子，說：

「我又進步了。」

「進步到什麼程度呢？」孔子問。

「我已經能自然地忘記我有形體的存在。」顏回說。

孔子聽了，面色改變，不覺問道：

「怎麼叫做自然地忘記我有形體呢？」

「我把感官知覺給忘了，回歸到自然本根，我的自我開顯了，我發現天地無處不與我相通，我在造化內，我與萬物齊一。」顏回說。

「顏回你入道了。沒有仁義禮樂的堅持，就沒有人我意識的執著。沒有人我意識的執著，就不會被限制在生老病死、時空內外的臨界裡。你真是個賢人呀！我要向你學習。」孔子驚嘆地說。

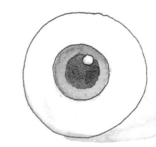

把別人放在我之前

生活智慧

　　「仁義」讓我們人生的行為處世有了一個明確不移的方向。「禮樂」是伴隨著仁義所展現的行為模式。「仁義」是內容性的執著。「禮樂」是形式性的執著。放下價值觀，放下所伴隨的行為模式，放下一切以社會人格為標準的意識堅持，進而放下自我意識，達到「坐忘」，才有可能回歸到道妙的樸拙中。也才能入道。

　　事實上，人活在世界上，最難忘記的就是「我」。「我想」、「我說」、「我做」，什麼都是我、我、我。我們每一個人都活在人我意識的執著當中，苦不堪言，但也樂此不疲。如何在做任何事前把「人」放在「我」之前，不需要「忘我」，也就差強人意了。

不受外界的污染

有一天，惠子跑來質問莊子：

「人怎麼會無情呢？」

「是啊，人是無情的。」莊子說。

「是人，卻沒有人的情緒，那還算是人嗎？」惠子問。

「人與道為一，人與天為友，人的本質哪有像表面那樣顯然，人是『道與之貌，天與之形』的，人看起來，雖然只不過是一個普通人，但卻是天與地，造化所賦予他的生命和心靈，那他還能不是一個人嗎？」莊子答。

惠施未能領悟，強辯說：

「你一定要說這種人還算是人，他就不應該沒有人情是非呀！」

「無人情的人情，指的不是一般的是非人情，無人情的人情，是說經過修養後的全德意境。這樣的人，他的內心平和，不會為了一般的是非好惡而影響他的內心，更不會和世人競逐爭利。」莊子說。

惠子一聽，生氣的說：

「不競逐爭利，就不能賺錢養家；不賺錢養家，難不成要餓死呀。」

「有心追求全德，哪在意現實的得失。真正追求全德的人只在意他們的生活是否與自然合一，他們比我們更珍惜生命。你顧惜的只是肉體生命，全德的人念茲在茲想著的是如何照顧自我的心靈，你想到的只是吃飯睡覺，不要挨餓受凍，全德的人想的是不要因為情緒的紛擾，傷害了精神生命。你看看你，浪費精力，躺在樹下亂發議論，只會精神外求，不懂得珍惜老天給你的這個做人的機會。你還自以為聰明的不得了。唉！你真是浪費生命呀！你有人的形體又有什麼用？終其一生只會浪費在『人有情？人無情？』的無聊追逐中。」莊子說。

人，是有情的動物，人，在生活中打滾，喜怒哀樂是很自然的，人怎麼可能會無情呢？莊子的意境實在是太高了。事實上，莊子要說的是如何讓我們在現實生活中，心靈不受到外界的污染，以及內心如何永遠保持寧靜祥和的狀態，有世事，卻沒有世情。這是修心的功夫，不容易做到，卻值得我們去嘗試。

有一天，莊子去見大儒魯哀公。

魯哀公很瞧不起莊子。他說：

「魯國可以說是儒士的天下，但是很少有人信奉先生的學說。」

「魯國真正的儒士不是多，而是太少了。」莊子不以為然地說。

「全魯國的人都穿儒服，怎麼能說少呢？」哀公說。

「我聽人說過，儒士當中如果戴圓帽子的話，了解天時；穿方形鞋子的，知道地理；腰上用五色絲帶繫著玉塊的，行為果斷。不過，我在想，如果你有某種學問或技術，不一定要穿什麼特殊的服裝才能顯示出來。其實，穿起特殊的服裝並不一定就有某種學問或特長。您如果認為這本來就應當是這樣的，那麼，何不向全國發出一道命令：『沒有儒士的道術而穿儒服的，一律處斬。』」

魯哀公認為這個建議很好，就照著做了，果不其然，五天以後，魯國就再也沒有人敢穿儒服了。只有一個男人，依舊穿著儒服站在公門之前。

哀公聽到報告，感動異常，立即召見這個人，並請教他一些國家大事。不論哀公如何巧妙地問，他也都能滔滔不絕地講出應對的辦法。

此時的莊子，終於這麼說：

「魯國這麼大，真正的儒者就只有一個人。可以說是多嗎？」

事實勝於雄辯

中國人含蓄，重實在，常說「破絮包珍珠」、「若要功夫真，埋頭不出聲」這類的俗話；中國人更瞧不起金玉其外敗絮其內的人，而有「牆上蘆葦，頭重腳輕根底淺」、「山間竹筍，嘴尖皮厚腹中空」這一類的說辭，如果說，一個人不講求實在的內容，只求形式，那不過是自欺欺人罷了。魯哀公就是一個只講形式，只標榜自己學說與主張的人。這樣的人，得到的只是表面的東西，而無實質的內容。「只重衣冠不重人」，在這極其講究文憑的現在，我們能不以為戒嗎？我們讀書還只為了文憑嗎？我們用人也只看文憑嗎？但願不會有那麼一天，我們的國家就像魯國一樣：全國皆儒者，但真正的儒者只有一位。

生活智慧

莊子，你在說什麼？

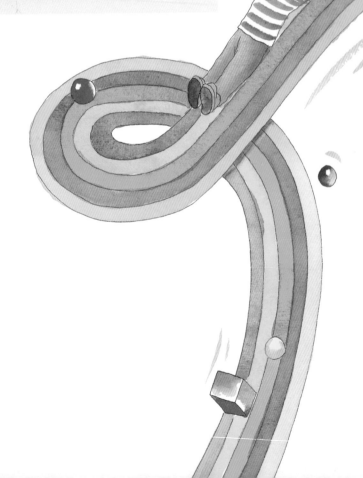

英雄不怕出身低

登恆是商湯的車夫兼看門人。由於常有接觸，商湯發現登恆很有才華。儘管有不少人在商湯的面前，諄諄告誡，說什麼做為一個車夫、一個看門人，地位有多卑微，名聲有多不好聽，商湯一律充耳不聞，擢拔登恆，做為他自己的輔佐大臣。

商湯很認真地向登恆學習，對於他曾經是一個奴才這件事一點也不放在心上。如此這般，一方用心的教，一方認真的學習，商湯從登恆那裡學會了治國之道。

後來，商湯又擢拔了登恆，當上了商朝的輔助，然而，登恆依然是登恆，一些也不把頭銜放在心上，也無心居功師法。商湯、登恆二人務實不務虛，在歷史上留下了美名。

生活智慧

「根深不怕風搖動，樹正何愁月影斜」，登恆的才，因為有商湯獨排眾意的緣故，而不受出身低的影響，得以適當的發揮。登恆的實至名歸，也許是每一個有才有料的人最期盼的結果。也是對這世代沒有文憑卻有實料的人最好的鼓勵。

人，生在世上，如何拋開虛假，追求真實？人，如何培養自己的特色，不盲從於人？人，如何避免不要像東施一樣摀著胸口裝西施，結果醜上加醜，徒惹人笑？人，如何避免不要成為虛名的俘虜？這些都是很嚴肅的問題，值得我們去探討和正視。

視名利如浮雲

有一位老子的弟子，叫做庚桑楚，他獨得老子的真傳，隱居在北方的畏壘山中。他將僕人中炫耀智慧的辭去，侍妾中矜持仁義的，讓她們遠離；只留下純樸的人和他住在一起，忙勞醜陋的人供使喚。

住了三年之後，畏壘山附近一帶大豐收。畏壘山的人民相互說道：

「庚桑楚剛來的時候，我們有些驚訝他的與眾不同，沒想到如今算算我們的收入，一天的收入看似不夠，一年的收入卻有餘裕。他一定是聖人吧！我們為什麼不尊為社稷供奉他呢？」

庚桑楚聽到這事，面向南坐著，心裡很不愉快。弟子們覺得奇怪。

庚桑楚說：

「你們覺得我很奇怪嗎？春氣勃發，百草生長，正臨秋天，萬物收成。春生秋收，如果不有所依憑能夠辦到嗎？這哪是我，這是天道運行的結果呀！我聽說，至人靜居在方丈小屋內，而百姓隨心自然，悠遊自適。如今，畏雷山的人民有心想把我列入賢人，加以供奉。我難道是炫耀道德的人嗎？想起老子的教誨，我因而感到不安。」

「不對吧！如果是小水溝，大魚轉不了身，可是泥鰍卻迴轉自如；如果是低矮的小丘陵，巨獸無法隱身，可是狐狸卻能來去自如。再說，尊賢用能，賞善施

儒家、道家理想各有不同，道家不贊成儒家的為政之道，崇尚自然無為，一切的一切，就像春生秋實一樣自然，不需另外制定什麼冠冕堂皇的道德原則叫人遵守。也不用將什麼禮樂仁義納入社會的倫理中，同時，道家也不認為這樣就能讓整個社會變得井然有序，非但如此，還會產生一些不可知的流弊，而影響到後世呢！

不管怎地，「鳥獸不厭高，魚鼈不厭深」、「函車之獸，介而離山，則不免於罔罟之患；吞舟之魚，碭而失水，則蟻能苦之。」之類的哲語，意理頗深，值得後人細細咀嚼。

莊子，你在說什麼？

利，自堯舜以來就是如此，更何況是畏雷山的人民呢？老師，您就聽隨他們吧！」弟子說。

「年輕人，你們過來！那口能含車的大巨獸，如果哪天獨自離開山林，難保不會有羅網之災；那口能吞船的大魚，如果哪天流出江河失了水，就連螞蟻也能欺負牠。所以說，鳥獸哪會嫌山高，魚鱉哪會嫌水深。懂得全形養生的人，藏身山林，也就不嫌深遠了。

再說，堯舜兩人，又有什麼值得稱揚的呢！他們分辨賢能人，就好像把整整齊齊的城牆胡亂搞毀，又去種一些蓬草來做屏障一般。他們挑著頭髮來梳理，數著米粒來下鍋，這樣的斤斤計較，又怎麼能夠去濟世呢！

推舉賢才，人民會相互傾軋；任用智者，人民會相互詐騙，這些方法都不足以使人民淳厚。人民是如此地追逐利祿，以致於子會殺父，臣會殺君，白晝行搶，正午挖牆。我告訴你們，大亂的起源，一定是出於堯舜的時代，而它的流弊會影響到千年以後，說不一定，那個時候還會發生人吃人的事哩！」庚桑楚說。

理論與現實的差距

齊桓公在戰國時代是一個很有作為的地方諸侯。

有一天，齊桓公在大堂上讀書，他請的一個叫輪扁的師傅正在堂下拿著木頭削削砍砍做車輪。齊桓公專心地在讀書，輪扁專心地做車輪，不知怎地，輪扁丟下槌子和鑿子，快步地走到大堂上來，有些不可理解地說：

「請問您讀的是什麼書呀？」

「這是記載著聖人言論的書。」

「那麼，聖人還在嗎？」

「已經死了。」

「既然是這樣，那君王所讀的就像是古人喝酒所剩下來的酒渣了。」

扁輪話一出口，聽在桓公的耳裡，很不舒服。桓公拉下臉來說：

「我在讀書，你一個做車輪活路的人，有什麼資格妄加議論的呢？你必須給我說說清楚！如果有道理，那也就算了；如果說不出啥道理，你就罪該處死！」

「我是拿我做手藝的來看。我砍削輪子，要是榫太鬆了，不牢固，榫頭雖然打得進去，很快又會滑脫；要是榫太緊了，榫頭就打不進去，或者會打壞了木料。只有不鬆不緊，才能得心應手。」

「這個不鬆不緊，說來容易，實際做起來，有訣竅，但又沒辦法說出來。你又不能因此說我沒訣竅，因為我總是比別人做得好，做得快，而且做的時候，總比別人來得從容不迫。所以，其中的竅門實實在在是有的。」

「而且，這個竅門我不可能告訴我的兒子，我的兒子也沒有辦法從我手上接過去。這話怎麼說呢？我可以告訴他，這訣竅是怎麼怎麼樣，但我說出來以後的訣竅，已不是什麼訣竅了，因為做這門手藝的工匠都可以這麼說。大家都能說出來的訣竅，算什麼訣竅呢？」

「我活了七十歲，一輩子都在砍削車輪。我的訣竅是從我自身操作所體會出

來的，古人死得時候，連同他們那些不可言傳的訣竅也都死了。我不可能得著什麼。

現在的你，卻變成從古人的言論中去找治國的秘方，那你得到的不就等同於古人的酒渣嗎？」輪扁不慌不忙說了這麼些話。

齊桓公默不作聲，心裡面著實同意輪扁的說詞，輪扁說的話實在太有道理了。

生活智慧

世界上有兩本書：現實的無字書和裝訂成冊的有字書。前者與現在的生活緊密聯繫，活龍活現，無窮無盡；後者說的是過去、已死的東西，早已沒有生命力。故有一句話「盡信書不如無書」的感慨。這不是說書不好，而是說有字書應該要與現實生活的無字書相結合，也就是理論與實踐相結合，才能發揮它的最大效果，也才不會淪為讀死書的書呆子。輪扁就做車輪這個層面來說，他比學富五車、懂得做車輪而沒有做過車輪的人要強上千百倍。而他從這方面悟出來的人生道理，就更非一般人所能比的了。

既怕無又貪有

有一天，唐堯來到陝西這個地方視察。

華，大約在現在的陝西華縣一帶。

華地守衛邊界的官員說：

「啊！聖人來了。讓我為聖人祈福。」

「祝聖人長壽！」守邊官員祈求道。

「不必。」堯說。

「祝聖人富有！」

「不必。」堯說。

「祝聖人多生男子。」

「也不必。」堯說。

守邊官員大惑不解，說：

「長壽、富有、多生男，這都是人們所想要的。偏偏你不喜歡，這是為了什麼呢？」

生活智慧

莊子藉著堯與守邊官員的談話，大肆諷刺儒家對壽、富、多得男，那種期盼又怕受傷害的心理。事實上，經過守邊官員的一番解說，這些的憂慮都變得可笑而不可能發生了。但一般的世俗中人，既怕無又貪有，有了，還真有上述的麻煩。這就是層次高低的不同而有不同的結果。長壽、有錢又多生男，在人世間雖然是至所期盼的事物，但如果沒有透過修心的功夫，終究徒惹麻煩罷了。說來說去，不過一個貪字在作怪。

「多生男就會多憂慮，富有就會多生麻煩，長壽所受的屈辱必然多。這三種東西，都不能用來修養德行，所以我謝絕你為我所做的祈求。」堯回答說。

「本來我還以為你是個聖人，如今看來，你只不過是世俗中的一個君子罷了。天地生養萬民，一定會給予他們適當的職務。如果多生男的，就分別給他們不同的職務，那又有什麼好害怕的！有錢了，就分散給眾人，那又有什麼麻煩的！身為聖人，像鷦鷯，居不求安，像剛出殼的小鳥，食不求飽；聖人，又像天上飛翔的鳥，了無蹤跡，天下有道，就與萬物共昌榮，天下無道，就投閒置散，修心養性。

享盡天年後，就羽化成仙，駕著白雲，飄向仙鄉。如此這般，你剛才所說的三種禍患都不會發生，自身無災又無殃，又怎麼會有屈辱呢？」守邊官員說完，轉身離去，堯緊跟著他，說：

「先生您能為我再說說嗎？……」

守邊官員立即搶話說：

「你回去吧！」

眞正安身
才能眞正安心

皇帝在位十九年，教令通天下。有一天，皇帝聽說廣成子在崆峒山修道，特地去看他。皇帝對他說：

「我聽說先生已經達到至道的境界，請問至道的精髓是什麼？我想要攝取天地的精華，用來助長五穀的收成，以此養育人民，我又想要主宰陰陽，以便調和眾生，我究竟應該怎麼做呢！」

「你所要問的，是事物的本質，你所要管理的，卻是事物的殘渣。自從你治理天下以來，雲氣還沒有凝聚就下雨；草木還沒有枯黃就凋落，日月的光輝也都愈來愈晦暗。像你這樣心胸狹窄、心志淺陋的人，又怎麼有資格談論至道呢！？」

皇帝回去後，擱置朝政，另外闢了一間居室，裡面鋪著潔淨簡樸的茅草，閒居了三個月，然後再去請教他。

廣成子向南而臥，皇帝從下方匐伏而進，再禮拜叩頭說：

「聽說先生已達到至道的境界，請問，應該如何修身，才能活得長久？」

廣成子猛然站起身來，說道：

「問得好！來，讓我告訴你至道是什麼。至道的精髓，恍惚幽遠；至道的極致，靜默沉潛。視聽不外用，精神清靜，形體自然安康。清思淨慮，不勞累你的形體，不動搖你的精神，這樣就可以長生了。眼無所見，耳無所聽，心無所知，讓你的精神守護住形體，就可以長生。持守著你內在的虛靜，摒棄你外在的紛擾，多智巧就會失敗。」

「我引進你到最光明的境界上，這就是通往至陽的根源；我幫助你進入幽遠寂寥的門徑中，就是到達至陰的根源。天地各有主宰，陰陽各居其所，慎守你自己，萬物自然生長。」

「我守住純一的道，安處於陰陽的調和，所以，我修身已經一千二百歲了，我的形體還沒有衰頹。」

「廣成子眞可說是神人呀！」皇帝再禮拜叩頭說：

「來！我告訴你。至道是無窮盡的，而人們都以爲它有盡頭；道是深不可測的，而人們都以爲它有極限。得我至道的人，上可以爲皇，下可以爲王；錯失我

至道的人，上僅可以觀日月之光，下則化爲塵土。」

「而今，萬物不得至道，雖然欣欣向榮，但來自於塵土，終將回歸於塵土。我將離你而去，進入無窮盡的道途，遨遊於無邊際的曠野。我與日月同光，我與天地共存。別人向我走來，我茫然不知，別人離我而去，我渾然不覺。是人都會死，而我，無來無去，獨存於世啊！」

我們常常不能保持內在心境，而時常感覺有一肚子的濁氣，不知如何是好，不能真正的安身，更別說真正的安心。所以有人會說，人生在世，與憂愁共生，如果活得長壽，終日憂愁又不死，那有多痛苦，這就是不懂修心的結果。

我們拜佛禮佛，就像皇帝拜廣成子一樣，看似虔誠，想要學佛，但捫心自問，我們所做的，不過是個樣子而已。我們雖然來自於塵土，終將回歸於塵土，但在塵土上的這段時間裡，為何不能好好地把握，修心、修身、修人呢？！

生活智慧

學習如何面對死亡

　　莊子的妻子死了，惠子聽了，到莊子家去弔喪，只見莊子坐在地上，敲著盆子，唱著歌。

　　惠子看了，很不以爲然，便責難他說：

　　「你和妻子生活在一起這麼久了，她爲你生兒育女，現在老而身死，你不哭也罷，竟然還敲盆唱歌，不是太過分了吧！」

　　莊子卻有他的道理，他娓娓道來：

　　「不是我過分。當她剛剛死的時候，我怎麼會不難過？不感慨呢？可是我經過仔細地省察後，便明白她在最早的時候本來就是沒有生命的，不但沒有生命，也還沒有形體，不但沒有形體，也還沒有氣息。然後在若有若無之間，恍恍惚惚地變出一口氣，氣變而出現形體，形體變而有了生命，現在又變成沒有生命。這樣生來死往的變化，就好像春夏秋冬四季的運行一樣，自然又順理。如今，人家安安靜靜地睡在天地之間，而我卻在一旁嚎啕大哭，這樣做，未免太不懂得生命的道理了，所以我才不哭的呀！」

　　莊子認爲人去氣散，生命是由氣所凝聚的。所以他不相信死後的世界，也反對厚葬。他認爲生與死就好像春夏秋冬四季的運行一樣，自然的很。所以他對生死的態度要比常人高出許多。我們沒有辦法像莊子這般地曠達灑脫，可是我們可以學習，學習如何去面對死亡，學習如何活在死亡的關照中，進而，從中獲得一種活著的了然，有那麼一天，時候到了，我們也可能認爲死生不過是一場夢罷了，當然也就沒有什麼好悲傷的了。

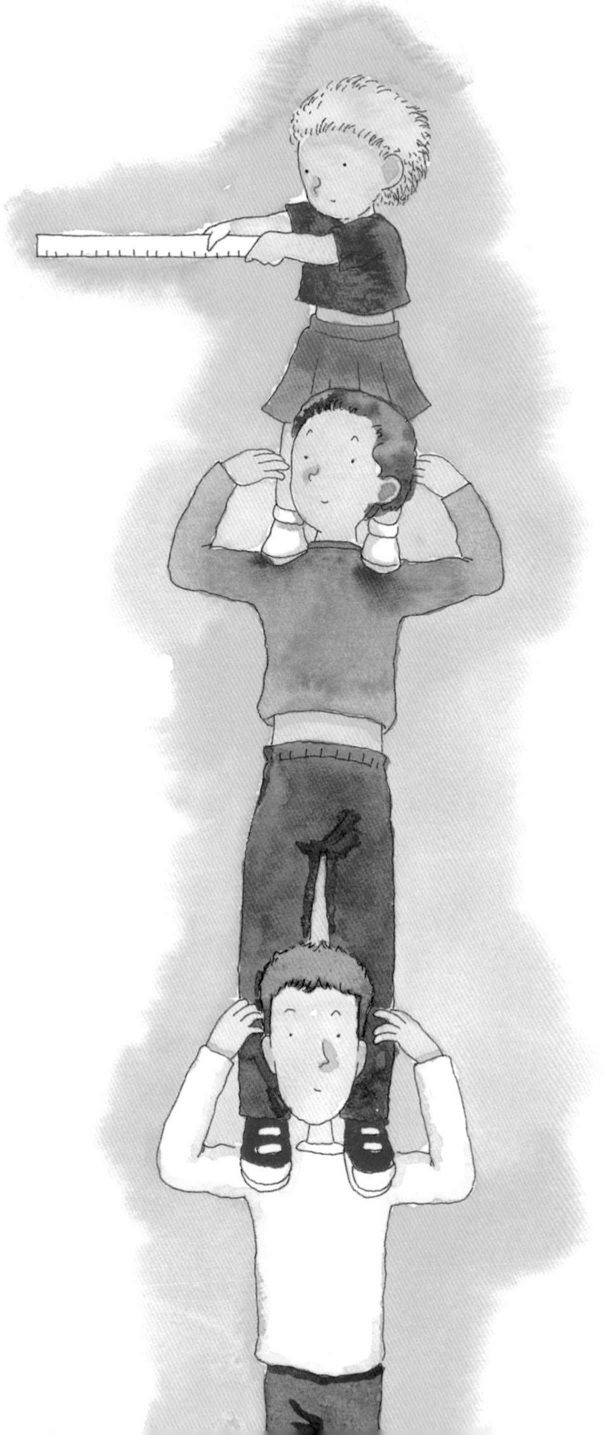

寧在泥巴裡爬，
也不願當官擾亂自己

有一天，莊子在濮水邊釣魚，楚威王先派了二位大夫去表達他的心意，他的心意是這麼說：「我希望將國內的大政委託於先生。」

莊子持著魚竿，頭也不回地說：「我聽說楚國有一隻神龜，死了已經有三千年了，國王還把牠盛在竹器裡，用布巾包著，藏在廟堂之上。請問二位，這隻龜，牠是寧可死了留下一把骨頭受人尊重呢？還是情願活著，卻拖著尾巴在泥地裡爬？」

兩位大夫回說：「寧願活著拖著尾巴在爛泥裡爬。」

「那麼，二位請便吧！我也是希望拖著尾巴在爛泥裡爬。」

生活智慧

莊子生活很是貧窮，但他卻斷然拒絕出仕的好機會。他無視於塵世的誘惑，也拒絕外在的紛擾，在他的世界中，沒有任何的牽累，悠然自處，怡然自適。在當時的年代，變動頻頻，拒絕出仕，實在是明哲保身，但能無視誘惑，也是千難萬難。現在的社會，匆匆忙忙，如何不隨波逐流，做自己想做，為所當為，卻是要很有智慧。

寧在泥巴裡爬，也不願當官擾亂自己

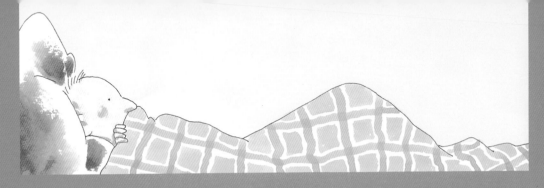

預知未來不如把握當下

鄭國有一個極靈驗的相面人，叫做季咸。他能夠預言人的生死、禍福以及壽命的長短，只要斷定日期，沒有不靈驗的。鄭國的人唯恐他說出什麼不吉祥的話來，見了他都走避。

列子見了他，心中十分信服。回去告訴壺子（列子的老師），他說：

「早先我以為老師的道已經是極為高深的了，沒想到還有更高深的哩！」

「我教給你的只可算是道的表面文章，還沒有談到道的實理呢！你就以為得道了嗎？這就像在很多母雞中，沒有一隻雄雞，怎麼能孵出小雞來呢？你的道行尚淺，就想要和世人爭勝，你一味地想要突顯你自己，才讓人有機會卜算出你的命運。你姑且叫季咸來替我看一看吧。」

第二天，列子帶了季咸來見壺子。

出來後，季咸向列子說：

「唉！你的老師快要死了，最多活不過十天。我從你老師的臉上看到異象，一種死灰不能復燃的徵兆。」

列子進入屋內，哭得淚濕衣襟，好不傷心，然後把這個消息告訴了壺子。

「剛才我顯示給他看的是地象，如土般沒生氣，如山般沒動靜。他大概看到閉塞住生機的我了。你再帶他來看看吧。」壺子說。

第二天，列子又把季咸帶來見壺子。

出去後，他對列子說：

「幸虧你老師遇見了我，好了，好了，你老師有救了。我看見他閉塞的生機有變化了。」

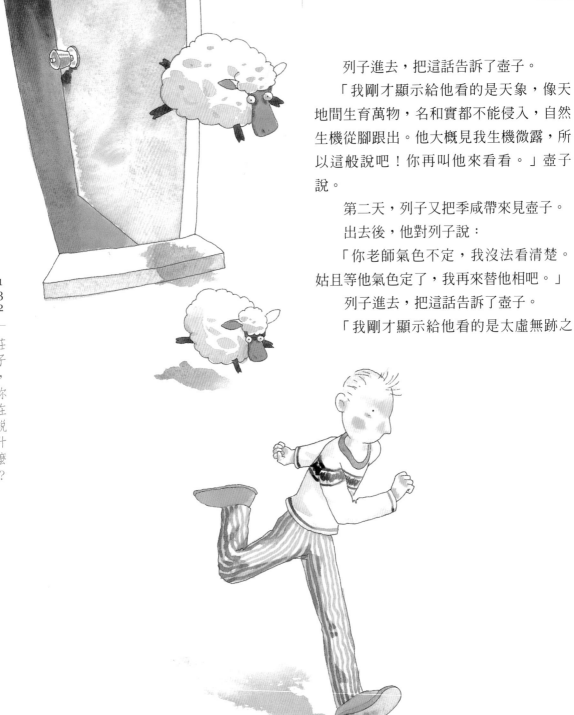

列子進去，把這話告訴了壺子。

「我剛才顯示給他看的是天象，像天地間生育萬物，名和實都不能侵入，自然生機從腳跟出。他大概見我生機微露，所以這般說吧！你再叫他來看看。」壺子說。

第二天，列子又把季咸帶來見壺子。

出去後，他對列子說：

「你老師氣色不定，我沒法看清楚。姑且等他氣色定了，我再來替他相吧。」

列子進去，把這話告訴了壺子。

「我剛才顯示給他看的是太虛無跡之

象。他大概是見到我氣機平衡，沒有頭緒可尋，所以沒法子替我相面了。大魚盤旋之處爲淵，此時的水，非靜非動，止水之處爲淵，此時的水，靜而不動，流水之處亦爲淵，此時的水，動而不靜，淵共有九種，我顯示了三種給他看，你再叫他來看看。」

第二天，列子又把季咸帶來見壺子。

這回，壺子還沒有站穩腳根就慌忙逃跑了。

「趕快去追他。」壺子叫道。

列子追不上。回來跟壺子報告：

「不見了，已經跑了，我沒辦法追趕得上。」

「剛才我給他看的是萬象俱空的之象，動靜俱寂，絲毫看不出我的本源。我對他去心機而隨機應變，他不知道我究竟是誰，他時而以爲我望風披靡，時而以爲我隨波逐流，他不能窺測我，所以要逃走啊！」壺子說。

列子這時候才感覺到自己所學極淺，什麼也沒有學到，便告辭回家，三年不出門。他在家替妻子燒飯，不覺得羞恥，餵豬就像伺候人一樣盡心。他完全忘記了貴賤的分別，對世事也毫不在意。他除去了雕琢的外表，回復到樸素的本性。此時的他，超然物外，返璞歸眞，持守本性，終身不移。

生活智慧

人對未來還沒有發生的事都有所恐懼，有所好奇。人都希望藉著卜卦、看相，略知一二，求得心安（未必心安？）。人活在現在，卻想著未來。人能踏實地活著有時也變成一件很難的事，人要能虛心樸實地活著就更難。如何培養信心，不借外力，自己掌握自己，做自己的主人，當你我彼此鼓勵。

螳螂捕蟬，黃雀在後

有一天，莊子來到雕陵的栗園裡遊玩。忽然看見一隻奇異的鵲從南方飛來，翅膀七尺來寬，眼睛直徑一寸來長，撞著莊子的額角飛過去，停在栗樹林中。

「這是什麼鳥呀？翅膀大而不能遠飛，眼睛大而目光遲鈍。」莊子說。

於是，提起衣裳，快步走過去，拿著彈弓守在旁邊。

這時，忽見一隻蟬兒，正圖美蔭好遮涼，忘了自身的安全；就在這剎那，有隻螳螂躲在濃密的樹葉後，伸出臂來，獲住了蟬兒。

螳螂得著蟬兒的同時，也曝露了自己的蹤跡，所以這隻怪鵲乘他捕蟬的時候，攫食螳螂。

怪鵲見利忘命，不覺自身生命有何危險，拿著彈弓守在旁邊的莊子見了不覺心驚，警惕著說：「唉！物物相累害，這都是由於彼此之間互相招引、互相貪圖所造成的結果呀！」想到這兒的莊子，丟了彈弓，回頭就跑。恰巧看守果園的人來了，以為他偷栗子，追著他痛罵。

生活
智慧

　　從這篇故事中，我們可以看到，如果只會算計人家，一定會導致物物相殘的結果。「螳螂捕蟬，黃雀在後」的出處就在這裡。我們不能為了追求物慾的滿足，而迷失了本性，慾望是填不滿的，而滿足是有限的。我們必須時時警醒自己，才不會因為工於心計，而捲入物物競逐的惡性循環中不能自拔。

不同角度看見不同風景

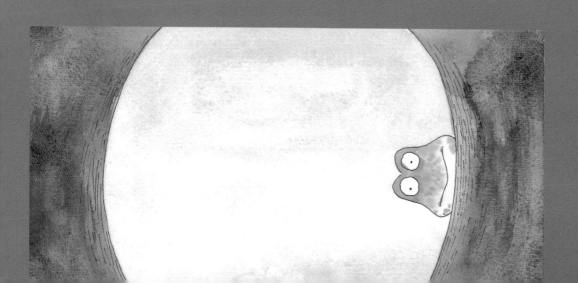

有一天，淺井裡的蛤蟆對東海的大鱉說：

「我快樂呀！我出來時，在井欄杆上跳躍著；我回去時，在井裡靠近水邊的破磚上休息著。我在水裡游的時候，水就浮起我的臂膀，撐著我的兩腮；我踏在泥裡的時候，泥就蓋沒我的腳背。回頭再看看井中的赤蟲、螃蟹和蝌蚪，那有我這般逍遙自在！何況我獨占一池的井水，當我跳躍其間時，真是快樂極了。先生你何不常進來參觀參觀呢！」

東海的鱉左腳尚未跨進，右膝已被絆住了。乃緩緩地退卻，接著將大海的情

莊子的這篇寓言，譏諷著小知小見。我們對於世上的任何事物和現象，如果從這一方面看，就看不到那一方面，如果從那一方面看，就看不到這一方面，所以應該從不同的角度去觀察，才會得到不同的印象。我們不能因為自己看到的「是」，就認定別人的「非」，因而堅持己見，爭論不休。如果我們能夠和對方易地而觀，一切是非的爭論就消失於無形了。透過整體的關照，與全面的透視，我們不難得著事物的全貌，當然也就沒有是非和爭論了。

形告訴牠：

「我所住的大海，千里遠的距離，不足以形容它的大，八千尺的高度（千仞）不能量其深。禹的時代，十年裡就有九年在淹水，可是海裡的水沒有增加；湯的時代，八年當中七年乾旱，然而海邊的水位並不退減。東海不因時間的長短而改變，不因雨量的多少而增減，這才是快樂呀！」

井裡的蛤蟆聽了這話，大驚失色，茫然若失。

純眞何須刻意製造

　　南海的帝王叫淑，北海的帝王叫忽，中央的帝王叫渾沌。淑和忽二位帝王常到渾沌的國裡相會，渾沌待他們很好。淑和忽商量如何報答渾沌的美意，他們說：

　　「人人都有七竅，用來看、聽、吃飯、呼吸，只有他沒有。讓我們試著替他鑿七竅吧。」

　　他們每天為渾沌鑿一竅，到了第七天，渾沌就死了。

純真何須刻意製造

生活
智慧

　　　這是一則含意深遠的寓言。渾沌代表著純真、樸實，何須另外雕鑿？一個自然的人，其人格應自由、充分的發展，不受任何外在強制的約束，也因而才能發展成健全的自我。而人與人之間存在的關係是平等的，而不是誰臣服於誰的。如此的關係才能既發展自我，又能與他人同居共處。

「道」無處不在

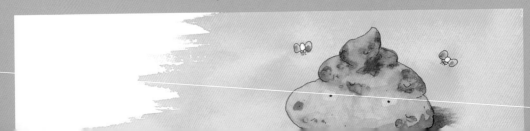

有一天，東郭子向莊子請教說：

所謂的『道』，到底在哪裡？」

「無所不在。」莊子說。

「請指明一個地方。」東郭子說。

「在螻蟻身上。」莊子說。

「為什麼如此卑下呢？」東郭子說。

「在雜草中。」莊子說。

「為什麼更加卑下呢？」東郭子說。

「在瓦甕裡。」莊子說。

「為什麼愈來愈卑下呢？」東郭子說。

「在屎尿中。」莊子說。

東郭子再也不出聲。

此時，莊子說：

「先生所問的問題，並沒有觸及道的本質。有個名叫獲的市場管理人，他向屠夫詢問判斷豬肥瘦的辦法，屠夫說，要知道豬的肥瘦，愈往下踩，愈能了解狀況，因為豬下面股腳間的部位，很難長肉，如果此處有肉，其他部位就不成問題了，一定會是個肥豬。

你不要執著在一個地方，任何事物是無法逃離道的。至道是這樣，偉大的言論也是這樣。『周全』、『普遍』、『咸是』這三種講法，名異實同，都可以拿來說明道的所在。」

生活智慧

　　道，一般人認為神聖無比、高不可攀的道，竟然在屎尿中，難怪東郭子一時僵在那兒，不知說什麼才好。事實上，在莊子的眼裡，不管是動物、植物、礦物乃至廢物也罷，或者更卑下的東西也好，都充滿了無限的生機。而且，就他站在宇宙美的觀點上，萬物無一不是美。莊子的道不以自我人類為中心，莊子的道遍及萬物，莊子的道在屎尿中就不奇怪了。

就是福氣嗎？
與大人同食

子綦有八個兒子，排排站在他面前，他請九方歅來，說：

「給我的兒子看看相，看誰有福氣。」

「捆這個孩子有福氣。」九方歅說。

「他會怎麼樣呢？」子綦驚喜地說。

「捆終身都會與國君同飲共食。」九分歅說。

「我的兒子爲什麼會碰到這種絕境呢？」子綦痛哭流涕地說。

「與國君同飲共食，恩澤將及於三族，更何況是父母呢！如今先生聽了，不笑反哭，這是拒絕福祿了。看來兒子有福氣，父親卻沒有福氣了。」九方歅不解的說。

「唉呀！你哪裡知道呀！捆眞的有福氣嗎？只不過是酒肉送入口鼻而已，你又怎麼知道酒肉是從哪裡來的呢？你想一想，我從不畜牧，屋子的西南角卻出現羊來，我不曾狩獵，屋子的東南角卻出現鶉鶉，這樣的好事沒有道理的，你難道不覺得奇怪嗎？」

莊子，你在說什麼？

生活智慧

這個故事表面上說的是相士的神算。事實上，它是嘲諷食君之祿的人，也不過是「酒肉送入口鼻」而已，還不如自由自在，自己過日子好得多。這跟現在的我們，尤其是在不景氣的時候，讀書不爲了求學問，只爲了通過高普考，謀得一個鐵飯碗不可同日而語。

「我教我兒子遨遊的，是逍遙在天地之間，我教他們與天同樂，與地共食，我從不教他們成功立業，也不教他們運用謀略，更不教他們標新立異。我也教他們要順應天地之誠，不要因外物而相違背，我更教他們不要自做主張，一切順其自然，我怎麼想得到居然會有這種世俗酒肉的報償。」

「凡是有奇怪的徵象，必定有奇怪的事情。這恐怕不是我的錯，也不是我兒子的過錯，這大概是天意吧！我因此才哭泣呀！」子綦對九方歅解釋。

沒有多久，捆被派到燕國去，在半途中，捆被強盜擄走，強盜擔心他身強力壯，如果逃跑，就不能賣給人，於是把他的腳砍去，賣到齊國，做了齊渠公的守街人，一輩子都有肉可吃。

一粒小米

我們不過是穀倉裡的

秋天時節，水氣旺盛，溪流暴漲，千百條的流水一齊注入了黃河，聲勢之大，使得河面變得寬闊，兩岸的距離變得遙遠，從此岸遙遙向對岸望過去，是牛是馬都分辨不清。

於是，掌理黃河的水神河伯喜不自勝，以為天下的美全被他一人所佔盡。他得意洋洋地順著河流朝東行去，到了北海，朝東面一看，一片地汪洋，看不出水邊來。

這時候的河伯一改原先的面目，望洋興嘆著，他對北海的海神說道：

「有一句俗話說：『自以為所聽過的大道很多，就以為再也沒有人趕得上自己。』這正是我的錯呀！以前我曾聽人批評孔子的見識淺薄，伯夷的義氣太輕，這一點我都不相信，可是，現在我親眼看到你是如此的高深莫測，無邊無際，我才恍然那些話實在不虛呀！還好我親自來拜訪，否則可要被有道之士看笑話了。」

北海神安慰他說：

井底的魚哪能和牠談海呢！牠從未離開過井，生活空間受到拘束，哪能相信海的廣大。夏天的蟲不可以和牠談冬天的冰。因為牠受生存時間的限制，入秋就死了，既未經歷過嚴冬的霜雪，又哪能知道冬天的冰呢。偏狹的人不可以和他談論道，因為他們受到禮教的束縛，不能脫身。

現在，你從兩岸中間出來，看見了大海，就曉得自己確實不如人，你還很虛心，我倒可以跟你談論一下大道。

天下的水沒有比海更大的了。萬川歸流，永不歇止，可是海並不盈滿；尾巴向外洩流，永不歇止，也不見乾涸，春秋時移不能改變它，水旱發生不能影響它。它的大，遠遠超過了江河諸水的總流量，它的大，簡直難以勝數。

可是我從來不曾因此覺得自己比別人了不起，因為我知道自己的形體寄託在天地之間，而我的氣息來自於陰陽的變化。我就好像一顆小石頭，一棵小樹木，藏身在大山中。我的存在是多麼地渺小，又怎麼敢自以為了不起呢？

這麼看來，四海存在於天地間，不就像螞蟻洞存在於大山澤裡面嗎？再看看，所謂的中國存在於四海之內，不也正像是小米粒存在於大穀倉嗎？

我們不過是穀倉裡的一粒小米

如果世間的物種，以萬來做單位，稱爲萬物，那麼，人不過是其中的一種。又這麼來看，天下九州，凡是依穀食生存的，以車子和船來載送的，不知凡幾，而個人也不過是其中的一份罷了。若將個人拿來和萬物比較，不就像是一根毛長在馬身上嗎？

古時，堯舜五帝相繼讓位，三王爭奪中原，仁人憂心家國，志士勤於政事。這一切的一切，也就不過爾爾。伯夷辭讓五等爵位，以此成名；孔子講述六經，自認淵博，這也不都像你一樣，自擁河水而引以爲傲嗎？

生活智慧

我們都有過這樣望洋興嘆的感覺。雖然不是那麼時常想，但我們不過就只是大穀倉裡的一粒小米。我們儘可能地在所擁有的方寸之地，掙扎，喘息，努力想擁有更大的空間，但不管我們如何的掙扎，努力，我們永遠就只能是大穀倉裡的一粒小米。我們不用為我們所擁有的空間小而自卑，我們也不用為我們的空間比人家大而自豪，因為，不管怎樣，我們都不過是大穀倉裡的一粒小米。

專心即可成大事

有一天，孔子到楚國去，從樹林子經過，看見一個彎腰駝背的老人，用竹竿子在捕蟬，他捕蟬的動作就好像是在地上撿東西一樣。

孔子上前，好奇地問：

「你真有技巧耶！你可是有什麼訣竅嗎？」

「我當然有我的辦法。五、六月時，蟬多，正是捕蟬的季節。我如果在竹竿的頭上放兩顆很重的彈子，手抓得很穩，不要讓彈子掉下來，這樣去捕蟬，失手的機會很少。我呢，又練習放上三顆彈子，讓它不要掉下來，這樣失手的機會就變成十分之一了，如果，再練習放到五顆彈子都不會掉下來，那麼，捕蟬，就好像彎腰撿東西一樣容易了。我身心凝定，猶如木椿，我執竿不動，猶如枯枝，天地雖大，萬物雖多，只知蟬翼一物。我心無二念，不取萬物，只取蟬翼，又怎麼不會得到！」老人說。

孔子回頭，向弟子下了結論：

「用心專一，精神凝聚，毫不分散，當可神通。這正說的是這位彎腰駝背的老人呀！」

生活智慧

「用心專一，精神凝聚，毫不分散，當可神通」正是做每一件事情基本且唯一的態度。聯考失利，辦事不力，決策失當……等等發生時，我們都不應該為失敗找出種種的理由來搪塞，這都是因為沒有「用心專一，精神凝聚，毫不分散」的緣故。人生中的每一件小事，如果都效法老人的態度，那每一個人都成為做大事的人，而為人所稱頌了。

韓魏二國爭奪邊境土地，魏國勢力強大，堅持不讓；韓國雖弱，也勢所必爭。

　　韓國的賢人華子拜見國君主昭僖侯，昭僖侯正為這事費心思。

　　華子對昭僖侯說：

　　「假如事情是這樣的，天下的人都在您面前發誓訂立協議，協議規定：左手去拿協議書的人，將砍去其右手；右手去拿協議書的人，將奪去其左手，但取得了協議書的人，就必然天下歸他。如果這樣，大王願意去拿這份協議書嗎？」

　　昭僖侯說：

　　「那樣的話，我可不要那份協議書了。」

　　華子說：

　　「這就很明白了！也就是說保全雙臂，比擁有王位與天下更重要。韓國的重要又比天下差多了，爭奪邊境又比保守韓國本土差多了，您為何捨本逐末呢？」

　　昭膝侯遂明白，保守好韓國，使其富強，不要說邊境，就是魏國的首都大梁，也歸自己所有。

捨命求利
是呆子的做法

莊
子
，
你
在
說
什
麼
？

生活
智慧

　　保全根本，才能求得未來的發展。捨命求利則是愚人所
為。然而，捨本逐末是貪婪者的共通特性，他哪裡會想到爭
必須是應爭的，得必定是應得的。所以你會看到下面的三種
情形：

　　一、無本而利：用石子做彈丸去打鳥。
　　二、將本求利：用鐵丸做彈丸去打鳥。
　　三、捨本逐末：用銅丸、銀丸、金丸去打鳥。
　　至於，拿生命做彈丸去獲取蠅頭小利就更別提了。畢
竟，捨命求利，利將歸誰？

順應本性，不要改變

孔子編定了一套經書，在書中，他把人的行為舉止，以及應遵守的禮節形式，都規定死了，他並想把這套書藏到周朝王室裡去。他的學生子路就給他出了一個主意。他說：

「聽說周朝皇家圖書館的館長老聃先生，已經退休回家了。您想藏書，不妨去找他試試。」

「這個主意好。」孔子說。

孔子便去拜見老聃，但老聃不答應幫忙，孔子就用經書上的道理說服他。

老聃便打斷孔子的話，說：

「太繁瑣，說說大意吧。」

「仁義。」孔子說。

「請問，仁義是人的本性嗎？」老聃問。

「是的。君子不仁就不成其為君，不義則不能生存。仁義，實在是人的本性。沒有它人還能幹什麼呢？」孔子說。

生活
智慧

這又是儒家與道家的不同點，道家講求無為，萬事萬物都有本性，只要依著本性行事就好，根本不需要另行制定仁義禮節的形式，讓人遵行。鼓吹仁義，讓人知道仁義，也懂得行假仁義，這不是把本來很善良、很淳樸的人性搞亂了嗎？不要在書本中迷失本性，不要被人為所製造出來的一些教條或繁瑣規矩所束縛，而改變了自己的本性。

「什麼叫仁義？」老聃又問。

「內心和樂而平易，兼愛無私。這就是仁義的實在內容。」孔子說。

「您的話很危險呀！兼愛，不是太迂腐了嗎？說無私，實際上便是自私。要想天下的人民不失教養嗎？其實，天地本來就有常規，日月本來就有光明，星辰本來就有序列，禽獸本來就有群居的習慣，樹木本來就有往上長的本能。先生只消依著事物的本性去辦，遵循天地萬物的規律行事，這就足夠了。打出仁義的旗號，就像敲著響鼓，去尋找逃亡的人一樣，這不僅是找不到，逃亡的人反倒躲藏得更遠了。」

順應本性，不要改變

謹言慎行，
避免落人口實

有一天，孔子拜見老子，談到仁義。

老子說：

「如果米糠飛揚，迷住了眼睛，那麼天地四方頓時顛倒，如果蚊虻叮咬皮膚，那麼整晚都難入睡。仁義就像米糠、蚊虻一樣，昏亂我們的內心，再也沒有比它更大的禍亂了。

你如果要讓天下的人不失淳樸的本性，只要像風一樣，順化而行，建立全德就好了，又何必費盡氣力揭舉仁義，就好像背著大鼓去追那逃走的人呢！

天鵝不需要每天洗澡，自然潔白，烏鴉不需要每天浸染，自然漆黑。黑白的本質，哪需要辯論？黑白也就是本質，看不出孰優孰劣。名譽只是外表榮華，哪需要推廣？就算有名譽，也不足以判斷人的胸襟是否寬廣。

泉水乾涸了，魚困處在陸上，互相吹氣、吐口沫藉以浸潤對方，保持潤濕，這樣做還不如相忘於江湖。」

孔子見了老子，回來後，足足三天不說話。

弟子就問他說：

「老師去見老子的時候，是否提出什麼規勸？」

「我直到今天才在老子那兒見到了龍。龍，合起來成一體，散開來，則成文采，駕乘著雲氣，翱翔於天地間。我張口結舌，又有什麼可以規勸老子的呢？」孔子說。

「這麼說來，竟然也有人可以安居若屍，顯現若龍，話語若雷，靜默若淵，一發動起來就如天地一樣不可測，真的有這種人嗎？我也可以看看他嗎？」子貢說。

說完這話的子貢就以孔子的名義去拜見老子。

老子坐在堂上接待他，老子輕聲的說：

「我年老力衰，你有什麼指教嗎？」

「三皇五帝治理天下雖然各有不同，但是所流傳下來的名聲則一樣。只有先生您認為他們不是聖人，這是什麼緣故呢？」子貢說。

「年輕人，上前來。你為什麼說他們各有不同呢？」老子說。

謹言慎行，避免落人口實

「堯讓位給舜，舜讓位給禹，禹全力治水，湯用兵討伐，文王順從紂王不敢違逆，武王違逆紂王不肯順從，所以他們各自不同。」子貢答。

「年輕人，再上前一點點來！讓我來告訴你，三皇五帝是怎麼治理天下的。黃帝治天下，使民心淳一，有人雙親過世而不哭，別人並不非議。堯治理天下，使民心孝親，有人親己之親而疏人之親，大家並不非議。舜治理天下，使民心競爭，孕婦十個月生產，嬰兒出生五個月就教他說話，還不滿周歲，就教他分辨人我，從此便有夭折早死的人了。

禹治理天下，使民心多變，人民有了機心，刀兵順勢而出，此時，殺盜賊不算殺人，禹自以為獨尊而奴役天下人，因此天下大為驚慌，儒家墨家紛紛興起。這些學說剛開始還講倫理，如今卻只是為權貴服務，有什麼可說的呢！我告訴你，三皇五帝治理天下，名義上說是治理，實際上作亂，莫此為甚。三皇的智慧，上而遮蔽了日月光明，下而隔斷了山川精華，中而破壞了四季運行。他們的智慧比蠍子的尾巴還要惡毒，他們使微小動物的性命都不得安定，他們還自以為是聖人，不可恥嗎？真是無恥啊！」老子說。

子貢聽了這席話，臉色大變，驚懼不已，坐立難安。

生活智慧

孔子所見到的「龍」是老子。莊子藉著老子和子貢的對話，大肆批評三皇五帝的德政，可見當時的文風有多自由！「三皇的智慧，上而遮蔽了日月光明，下而隔斷了山川精華，中而破壞了四季運行。」、「三皇五帝治理天下，名義上說是治理，實際上是作亂」，此等的言論，現在聽來都十分先進，難怪當時的子貢要大驚失色了。在上位者，所作所為，逃不開歷史的評斷，能不謹慎嗎？

內在的養生也要顧

莊子，你在說什麼？

田開之晉見周威公。周威公說：

「我聽說祝腎在學養生之道，你跟祝腎學習，聽見過什麼道理嗎？」

「我只是在他的門下做些灑掃庭除的事，又能從先生那兒聽到什麼呢！」田開之推辭說。

「田先生不要過謙了，我很想聽聽呀！」周威公說。

「我聽先生說過：『會養生的人，好像在牧羊，看見落後的就揮鞭子。』」田開之這才回答。

「這話怎麼說呢？」周威公不解。

「魯國有一個隱者名叫單豹，他居住在岩洞裡，只喝清水維生，不和人爭利，活到七十歲，容顏就像嬰兒一般，不幸遇上餓虎，餓虎把他給吃掉了。

生活智慧

現在的人，很講究養生之道，但往往失之偏頗。有人只注重身體的營養，不敢吃太多的肉類，怕膽固醇太高，乾脆吃素，但吃素時，又忘了營養的均衡，結果造成營養不良，一切為身體的結果是身體更不好。有人擔心身體不夠結實，努力做運動，爬山、游泳、跑步、有氧運動，樣樣來，努力做運動的結果，不是身體變結實，而是因運動不當，造成運動傷害，身體更不好。外在的養生要注重均衡，內在的養生當然也一樣，同時內外的養生也要兼顧，才不會像單豹和張毅一樣，偏向一方，丟失了性命。一個真正會養生的人，要好像在牧羊一樣，看見落後的羊就揮鞭子，內養其心，外養其形，內外並重才對呀！

魯國還有一個人名叫張毅，富貴貧困之家，沒有不往來的，活到四十歲，卻得內熱病死了。

單豹修養心性，而被老虎吃掉了他的身體，張毅厚養他的身體，而遭疾病侵入，這兩個人，都是不懂得鞭打落後羊群的道理，以致走入了極端。」田開之解釋道。

孔子聽說這些後，就說：

「不要太深入荒山，以隱藏自己，不要太出來入世，以顯揚自己，要像柴木一樣立在兩者之中。以上三點如果都能做到，那麼，一定是至人了。

假如你行走在危險的道路上，如果每十個人中，就有一個人被殺，那麼父子兄弟互相告誡警惕，結伴後才外出，這樣才算明智！

然而，人最應該害怕的是在枕席間、在飲食上，不知道要警惕，這才真是莫大的過錯哩！」

有一次，孔子到呂梁遊玩，那兒地勢高，水流落差極大。從高山上飛瀉下來的瀑布有幾十丈高，順勢奔流，遇石激浪，浪花飛濺開來達幾里遠，看著如此湍急水流，孔子認為，只怕烏龜、鱉魚也不能在其中游動了。

就在孔子驚恐讚嘆之時，他忽然發現一個男子正在水流中揮臂撥水。孔子又吃了一驚，以為這人掉進急流，必死無疑。於是，孔子立即喊了自己的弟子，趕緊順著水流的方向去救人。可是弟子們走了一段路，那人從水裡站起來。他披著長長的頭髮，邊走邊唱著山歌，在堤岸下很悠哉悠哉地走著。

孔子便跟上去，問他說：

「我還以為你是神鬼水怪什麼的，看清楚了，你還是個正常人呢。請問你蹈水有什麼秘訣沒有？」

「沒有，我哪有什麼秘訣呢？我只是開始於自然，慢慢地，許多時光過去，我又習慣於自然。最後，自自然然地在水中如平地一樣。我跟漩渦一起捲進去，又同漩渦一道翻出來。我一起一伏，身手抬腿彎腰仰頭，都順著水的路子去做，而不以自己的意願為是，要說，這就是我蹈水的秘訣了。」那個男人說。

「什麼叫做開始於本然，遂長於本然，成功於自然？」孔子又問。

「我出生在高地上並且安於高地，這就是開始於本來的樣子，我成長於水中又安於水中，遂長於習慣，成於自然，我不知道所以然而然，就是成功於自然。」那男子解釋。

孔子喟然長嘆。

我們知道有些會讀書的人，我們稱他們為書呆子，為什麼呢？因為大多數會讀書的人長期埋頭在書本裡，多知大道理，反而忘記了生活中的小事情。也因為在生活上只知道大道理，不諳小人情，因而拙於生計，這乃習慣成自然的緣故。如果能像文中入水的男人，既懂得大道理，又能結合、實踐小事情，一定神通廣大。

不戰而威，不戰而勝

不知從什麼時候開始，天下興起了鬥雞這件樂事，鬥勝了，主人便高興得很。但飼養鬥雞也很講究，甚至可以把鬥雞養得很神。

為了在鬥雞場上取勝，周宣王請了養雞的能人紀渻子來替他養雞。

紀渻子接受了周宣王的邀約，便在飼養鬥雞的場子裡認真地訓練鬥雞。

紀渻子訓練鬥雞，與他人不同，特別注意鬥雞的神志。在他訓練的場子裡，要鬥雞勇敢、會鬥法，根本算不了什麼。別人批評他說：

「勇敢，鬥法高，才可以克敵制勝，像你那樣只注意神態有什麼用，那完全是空的，只會誤了大王的好事。」

紀渻子也不作答。

訓練了一段時間，周宣王已經等得不耐煩，便問：

「您訓練的雞，可以出場比賽了嗎？」

渻子說：

「還不行哪，大王，牠們現在只會裝腔作勢，憑意氣行事，那怎麼成。」

周宣王便捺著性子等，又過了十天，周宣王又去問：

「怎麼樣？」

渻子說：

「不行。牠們對別的雞的聲音和形采，還動不動就有所反應。」

生活智慧

人，要不戰而威，不戰而勝，才是真正的勇者。有的人，貌不驚人，話又不多，但每每臨事，成竹在胸，泰然自若。即便沒有動作，氣勢也壓倒人。這樣的人，即便在最不利的情況下，也能臨危不亂，從容退卻，保留實力。這樣的人，往往只憑其臨事的修養，就能戰勝對方，攻無不勝。這樣的人，才是生活中真正的強者。

又過了十天，周宣王又派人來問。

涓子說：

「還不符合不戰而勝的要求。牠們經常表現得怒氣沖沖的樣子，眼睛好像要噴火一樣。」

三個十天也過去了，周宣王親自問涓子來了。

涓子這次如釋重負地說：

「差不多了。現在每每臨場時，別的雞雖然鳴鳴的在叫，牠卻像沒聽到似的，無動於衷。看看牠的神情，就像一隻木雞一樣，牠的精神與威力已經準備好了。別的雞，現在只要看到牠，沒有一隻敢應戰的，望一眼便掉頭逃竄。」

周宣王大喜。

怎麼知道魚是快樂的

有一天，莊子和惠子在濠水的橋上遊玩。

莊子說：

「小白魚悠閒地游來游去，這是魚的快樂呀！」。

「你不是魚，怎麼知道魚是快樂的呢？」惠子不同意。

「你不是我，怎麼知道我不知道魚快樂呢？」莊子說。

「我不是你，當然不知道你。但按此推算，你既然不是魚，那麼，你不知道魚快樂，是很明顯的了。」惠子辯說。

「還是把話題從頭說起吧！你說：『你怎麼知道魚是快樂的』，顯然你是知道我知道魚快樂才會問我呀！那麼，我站在濠水的橋上也就能知道魚快樂了。」莊子回說。

生活智慧

　　這是歷史上最為有名的莊惠之辯。由於兩位個性上的差異，導致基本立場的不同，因而延伸到對立的思路。一個是對外界帶著觀賞的態度來認識，一個是站在分析的立場來分析事物的真實性。兩者立場不同，當然所下的結論也不同。在日常生活中，這樣的情形也時常在發生，如果我們以客觀、包容的立場看待別人的意見，彼此之間就會少了許多不必要的爭論與不快，我們也會因此更容易知道事實的真相，而不會經常處在抬槓的情形下而不自知。

放下對死的執著

莊子快要死了，學生想要厚葬他。

莊子卻說：

「我以天地為棺槨，我以日月為連璧，我以星辰做珠璣，我以萬物做陪葬。我陪葬的物品難道還不夠嗎？有什麼比這更好的呢！」

「我們是擔心烏鴉和老鷹會來吃掉老師呀！」弟子說。

「露天讓烏鴉、老鷹吃掉，埋在土裡讓螞蟻吃掉，要從烏鴉、老鷹的嘴裡搶來給螞蟻吃，豈非太不公平了嗎？」莊子說。

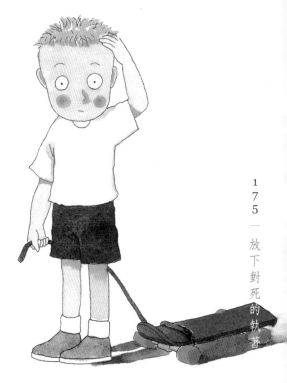

生活智慧

　　莊子對於死生態度如此這般曠達灑脫，乃出於自然的流露。死生不過是一場夢罷了，何必如此大費周章。相較於一般人，以死之厚葬來表達生前之顯貴不可同日而語。又有何人能致死生於事外呢，更別提以天地為棺槨，以日月為連璧這等灑脫的行徑？讓我們學學莊子吧！放下死的執著，也許活時更自在。

寓眞理於劍道

從前趙文王喜好劍術，一般精於擊劍的人蜂擁而至，門下劍客有三千多人，日夜在趙王面前比武，死傷者每年不只百人，但是趙王的喜好絲毫不減。像這樣繼續過了三年，國勢日衰，諸侯都準備奪取趙國。

　　太子悝很擔心，召集左右說：

　　「誰能改變吾王的心意，讓吾王不再喜好劍術，就賜給他千金。」

　　「莊子一定辦得到。」左右說。

　　太子於是派人奉上千金給莊子。莊子不肯受，與使者一起回來，去拜見太子。

　　莊子說：

　　「太子賜我千金，有什麼指教呢？」

　　「聽說先生道德過人，我恭敬地奉上千金，以犒賞您的隨從。先生都不肯受，我哪裡還敢說其他的事情呢！」太子說。

　　「我聽說太子是希望用我來斷絕大王對劍術的喜好。假使我勸說大王，違逆了大王的心意，又不合太子的期望，那麼我會被處死，這時，我還要這千金來做什麼呢？假使我果然能夠使大王聽我的勸導，不負太子的使命，趙國之內，還有什麼我得不到的呢！」莊子說。

　　「是這樣的。吾王眼中只有劍客。」太子說。

　　「可以，我擅長劍術。」莊子說。

　　「然而，吾王所見的劍客，都是頭髮蓬鬆，鬢毛突起，帽子下垂，帽纓粗亂，上衣後襟特短，講起話來直瞪著眼睛，連說話的語氣都不流利。要像這樣，才能討吾王的歡喜。如今，先生要是穿儒服去見吾王，恐怕對於此事的進行大大不利。」太子說。

　　「那麼，請給我時間準備劍客的服裝。」莊子說。

　　於是，莊子花了三天的時間準備好劍客用的服裝，然後去見太子。

　　這才和太子一起去拜見趙王，此時，趙王早已持了一把明晃晃的寶劍來等候他。莊子緩緩地走進了殿門，見了趙王也不下拜。

趙王問莊子：

「你先讓太子來傳話，是對寡人有什麼指教嗎？」

「臣聽說大王喜好劍術，所以帶著劍來見大王。」莊子說。

「你的劍如何克制對方？」趙王問。

「臣的劍，十步之內殺一人，縱橫千里無阻礙。」莊子說。

「眞是天下無敵啊！」趙王大爲高興說。

「用劍之道，要留給敵人破綻，送給敵人機會，後於敵人發動，領先敵人命中。我希望能夠試試看。」莊子說。

「先生，你請回府先休息著，等我開一個比劍大會，再去請先生。」趙王大喜說。

趙王乃挑選他的劍客，比賽了七天，死傷的有六十多人，選出五六個最好的劍客，讓他們捧著劍在殿下待命，然後召見莊子。

趙王說：

「今天我們來比劍好嗎？」

「很好，我已經盼望了很久。」莊子說。

「先生要用多長的劍呢？」趙王說。

「臣所用的劍，長短都行。不過，臣有三把不同的劍，聽憑大王來選用，請讓我先說明，然後再比試。」莊子說。

「很想聽聽你的三把劍。」趙王說。

「有天子之劍、有諸侯之劍、有平民之劍。」莊子說。

「天子之劍是什麼樣子呢？」趙王問。

「天子之劍是用燕國的石城做爲劍尖，以齊國的泰山做爲劍的刃口，用整個晉國、魏國做爲劍柄。包含四方各民族爲統一家庭，順應四季變化治理天下，領土環繞了茫茫的渤海，綿綿的山脈是聯絡各地的紐帶。按五行相剋相生的道理建立統治制度，功有賞，罪則罰，道德教化著每一個人民。

這種劍向前刺去，無物敢擋；望空劈下，無物倖存，低者不敢應戰，高者不

敢還手。

這種劍一但用起來，可以匡正民心，降伏諸侯，使天下達到太平。這就是天子之劍。」莊子神情嚴肅地說。

趙王聽罷，悵然若失，心有不滿足地問：

「那諸侯之劍又如何呢？」

「諸侯之劍是用志勇之士做為劍的尖端，用清廉之士做為劍的鋒刃，賢良之士是它的劍背，忠貞之士是它的劍環，豪傑之士是它的劍把。

這種劍揮舞劈刺，沒有哪一個敵對的生物能倖存。它上則取法天圓來適應日月星辰的光輝照臨，下則取法地方以順應春夏秋冬的時序變遷，中則和諧民意使四方安定太平。

這劍一但使用，威力像雷霆震盪，四境之內，沒有不納貢稱臣聽從君命的。這就是諸侯之劍呀！」莊子說。

「那平民之劍又是怎樣呢？」趙王似有所悟地問。

「平民之劍就是王公貴人所供養的劍客用的那種。這些劍客，頭髮蓬亂，鬢

髮突起，帽子低垂，脖子上圍著長纓，上衣前長後短。他們個個怒目而視，在別人面前刺殺。它砍斷別人的脖子，戳穿對手的胸背。

　　這平民之劍和鬥雞遊戲沒有啥兩樣，殺戮生靈，對國事實無好處。如今，大王擁有天子之劍，卻喜歡平民之劍，我私下認為大王此舉實在不可取。」莊子說。

　　趙王立即帶著莊子上殿。膳食官送上食物，趙王繞席走了三圈，還是無法平靜下來。莊子便對他說：

　　「大王可以平心靜氣的坐下來，關於劍術之事，我已啟奏完畢。」

　　莊子走後三個月，趙王閉不出宮，劍客皆自殺而死。

生活智慧

　　莊子說完了三把劍的不同處之後，當然劍就不用比下去了。因為趙王所用的劍是平民之劍。擁有天子之位，卻喜歡平民之劍，趙王不是太不值得了嗎？莊子不費吹灰之力，解除了趙國的危難。「一言以興邦，一言以禍國」在上位者，能不謹慎嗎？而在真實生活中，一般小老百姓眼裡，劍，就只有口舌之劍。如何善用這把劍來揮灑人生，才是真正的智慧。

小人得志，
沒什麼了不起

宋國有個人叫曹商，有一次，他替宋偃王出使秦國。動身出發時，宋王送給他幾輛車子。到了秦國，秦王很喜歡他，他又得到了一百輛車的賞賜。

曹商回到宋國，便神氣得不得了。

他見到莊子便賣弄說：

「住在窮街小巷，窮得靠結草鞋賣錢糊口，餓得臉色發青，那是我無能為力的地方。一旦得到重用，使一國君主聽從我的教誨，如夢方醒，這樣跟隨我的馬車就會達到百輛之多。這是我稍微勝一籌的地方。」

莊子聽了，微笑地說：「聽說秦王請醫生治病，凡是能刺破他身上膿瘡，排

生活智慧

我們常看到一些人在沒沒無聞的時候是一副嘴臉，在稍有名氣的時候是另一副嘴臉，也許此時的他昂首挺胸，尾巴翹得老高，一副盛氣凌人的樣子，等到很有名氣，家有豪宅，外出有名車伺候的時候，又是另一副嘴臉，此時的他說話時嗓門也大了，目無旁人，即便外表看似禮貌，也是裝出來的，這種人就是道地的小人得志，這種人讓人看了　心加厭惡，要是這種人在社會上變多了的時候，社會的風尚也就難說了。

莊子，你在說什麼？

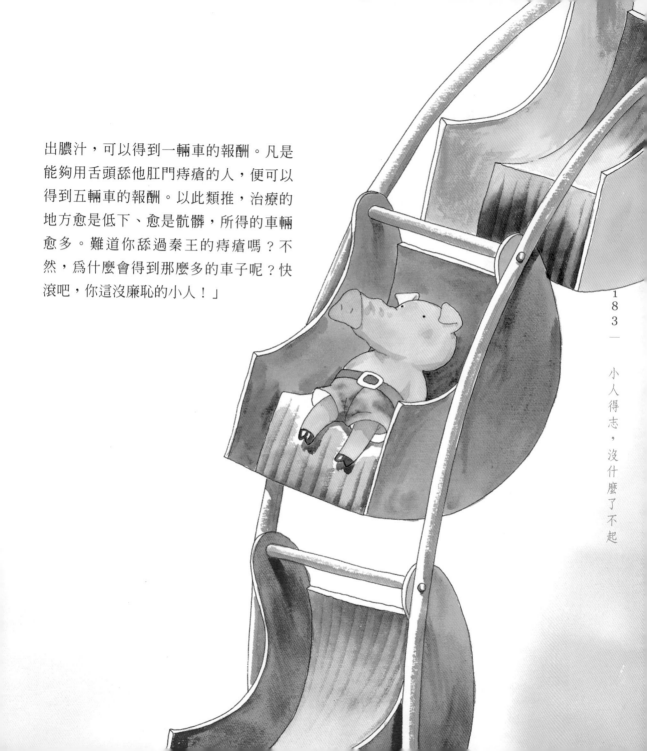

出膿汁，可以得到一輛車的報酬。凡是
能夠用舌頭舔他肛門痔瘡的人，便可以
得到五輛車的報酬。以此類推，治療的
地方愈是低下、愈是骯髒，所得的車輛
愈多。難道你舔過秦王的痔瘡嗎？不
然，為什麼會得到那麼多的車子呢？快
滾吧，你這沒廉恥的小人！」

小人得志，沒什麼了不起

皇帝要到具茨山去拜見大隗，讓方明駕車，昌宇陪乘，張若、謵朋在馬前引導，昆閽、滑稽在車後跟隨，來到襄城郊外，七位聖人都迷了路，連可供問路的人都沒有。

這時，恰巧遇見牧馬的童子，就向他問路說：

「你知道具茨山嗎？」

「知道。」童子說。

「你知道大隗住在哪裡嗎？」又問。

「知道。」童子說。

「你這個童子還眞特別呀！既知道具茨山，又知道大隗的住所。那麼，我可不可以請問你天下該如何治理呢？」皇帝驚訝地說。

「治理天下，也只是這樣罷了，哪裡有什麼事呢！我小時候就獨自在天地之內遊玩，剛巧我得了暈眩的毛病，有一個長輩教我說：『你可以乘坐太陽車到襄城郊外去遊玩。』現在，我的病稍微痊癒，我又要到天地之外去遊玩。治理天下，只是這樣罷了，哪裡有我什麼事呢！」童子說。

「治理天下，實不干你的事。不過，還是要請問你天下該如何治理呢？」皇帝又問。

童子推辭不語，皇帝又再問。童子只得說：

「治理天下，和牧馬有什麼不同呢！只是除去對馬有害的東西罷了！」

皇帝深拜叩首，稱他爲天師，然後離去。

治理國家好比飼養馬匹

生活
智慧

治理天下和牧馬相同，只要把有害的東西拿掉就好了。可見得治理天下有多簡單呀！每個人各守本分，把自己份內的事做好、做完，推到社會，就是一個開明的社會，推到國家，就是一個開明的國家，哪需要做什麼特別的事呢！此篇故事，闡明道家的政治思想，無事、無為、勿擾民。

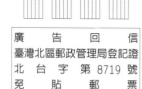
106-□□
台北市新生南路3段88號5樓之6

揚智文化事業股份有限公司　　收

□□□-□□

地址：　　　市縣　　鄉鎮市區　　路街　段　巷　弄　號　樓

姓名：

葉子

Leaves
Publishing

書號 L1001　　　　書名 莊子，你在說什麼？

葉子出版股份有限公司

讀 · 者 · 回 · 函

感謝您購買本公司出版的書籍。
爲了更接近讀者的想法，出版您想閱讀的書籍，在此需要勞駕您
詳細爲我們填寫回函，您的一份心力，將使我們更加努力！！

1. 姓名：＿＿＿＿＿＿＿＿

2. E-mail：＿＿＿＿＿＿＿

3. 性別：□ 男 □ 女

4. 生日：西元＿＿＿＿年＿＿＿＿月＿＿＿＿日

5. 教育程度：□ 高中及以下 □ 專科及大學 □ 研究所及以上

6. 職業別：□ 學生 □ 服務業 □ 軍警公教 □ 資訊及傳播業 □ 金融業
　　　　　□ 製造業 □ 家庭主婦 □ 其他＿＿＿＿

7. 購書方式：□ 書店 □ 量販店 □ 網路 □ 郵購 □書展 □ 其他＿＿＿＿

8. 購買原因：□ 對書籍感興趣 □ 生活或工作需要 □ 其他＿＿＿＿

9. 如何得知此出版訊息：□ 媒體＿＿＿＿ □ 書訊 □ 逛書店 □ 其他＿＿＿＿

10. 書籍編排：□ 專業水準 □ 賞心悅目 □ 設計普通 □ 有待加強

11. 書籍封面：□ 非常出色 □ 平凡普通 □ 毫不起眼

12. 您的意見：＿＿＿＿＿＿＿＿＿＿＿＿＿＿＿＿＿＿＿＿＿＿＿
　　　　　　＿＿＿＿＿＿＿＿＿＿＿＿＿＿＿＿＿＿＿＿＿＿＿

13. 您希望本公司出版何種書籍：＿＿＿＿＿＿＿＿＿＿＿＿＿＿＿

☆填寫完畢後，可直接寄回（免貼郵票）。
　我們將不定期寄發新書資訊，並優先通知您
　其他優惠活動，再次感謝您！！

Leaves
Publishing

根　以讀者為其根本

莖　用生活來做支撐

葉　引發思考或功用

果　獲取效益或趣味